Chinese Characters
For China
汉字里的中国

咬文嚼字文库

陈文波 著

汉字的味道

The Taste of
Chinese
Characters

上海文化出版社
上海咬文嚼字文化传播有限公司

图书在版编目（CIP）数据

汉字的味道 ／ 陈文波著 . —— 上海 ：上海文化出版

社 ，2018.7（2025.7 重印）

（汉字里的中国）

ISBN 978-7-5535-1290-7

Ⅰ . ①汉… Ⅱ . ①陈… Ⅲ . ①汉字－研究②饮食－文

化－中国 Ⅳ . ① H12 ② TS971

中国版本图书馆 CIP 数据核字 (2018) 第 152994 号

汉字的味道

陈文波 著

责任编辑：蒋逸征

装帧设计：何明捷

出　　版：上海文化出版社　上海咬文嚼字文化传播有限公司

地　　址：上海市闵行区号景路 159 弄 A 座 2—3 楼

邮　　编：201101

发　　行：上海市闵行区号景路 159 弄 A 座 206 室

印　　刷：上海文艺大一印刷有限公司

开　　本：889×1194 1/20

印　　张：7.5

版　　次：2018 年 8 月第 1 版　2025 年 7 月第 10 次印刷

书　　号：ISBN 978-7-5535-1290-7/H.021

定　　价：35.00 元

告读者：如发现本书有质量问题，请与印刷厂质量科联系。

电　话：021-64511411

汉字的味道 | **目 录**

酸甜苦辣说汉字

　　说起汉字，我们从未感到陌生，它与我们朝夕相处，在我们的日常生活中扮演着不可或缺的角色。汉字是记录汉语的符号，是一种被十几亿人共同使用的交际工具，对于我们中华儿女而言，更有一种文化符号的意义。汉字的产生、演变与华夏文明的发展相依相随，它姗姗走来，在风和日丽的时节绽放一路芬芳，千年不凋。

　　古人说："民以食为天。"饮食作为人们基本的生活内容之一，是人类共同的生命之源。禽畜蔬果，种种酸甜苦辣滋养了源远流长的人类文明。饮食文化在中国文化史上有着举足轻重的地位，早在商周时期，人们的日常饮食活动就已经形成了相对稳定的程式，这体现在食材种类、食用方法、饮食习俗和饮食活动中的价值观念等方面。农业和畜牧业的发展是饮食文化的物质基础，正如《黄帝内经》所说："五谷为养，五果为助，五畜为益，五菜为充。气味合而服之，以补精益气。此五者，有辛酸甘苦咸，各有所利。"

 肉

 果

　　灿烂辉煌的饮食文化得以薪火相传, 很大程度上得益于汉字的记录功能。汉字的味道,不仅体现于它所记载的酸甜苦辣,更体现于它在漫长的演进过程中那些耐人寻味的点点滴滴。我们将通过汉字这条时光隧道,穿越到遥远的岁月,看甲骨沧桑,吉金耀彩,简帛流韵,碑碣生辉,去领略先人的智慧,去品味汉字中蕴含的饮食文化和生活趣味。

 瓜

金灿灿的麦穗

　　麦子是世界上最早栽培的农作物之一，也是我国北方的主要粮食作物，它的种子经过加工可以磨成面粉，制作出美味可口的面包、饼干、面条等食物。我们知道，麦子的穗是长在直立的茎上的，当它成熟了之后，就会因为重量增加而下垂。于是，我们的祖先便模仿成熟的麦子形态，造出了一个表示麦子的象形字，这就是"来"字。中间一竖代表茎，上面的曲笔前半段下垂，大概是麦穗的象形，下面向两边逸出的笔画代表叶子，底下的两个斜笔代表根部。经过了相当长的一段时间，它的字形发生了变化，象征麦穗的笔画变成了与竖画相交的一个短短的斜笔，再后来，斜笔拉平，就成了我们今天见到的繁体"來"字了。

　　"来"字的造字本义就是麦子，文字学家和考古学家们一般认为它特指小麦，甲骨文中"刈来"一词，就是收割小麦的意思。

　　之所以用表示麦子的"来"字表示来去的"来"，是因为当时发音相近而借用。后来，又从来去一类意思引申出从来、将来等意义。

　　我们今天用的"麦"字是怎么出现的呢？甲骨文里的"麦"字就是在

　　"来"字下面加上一个"夂"，有时候也会在头上加一个短横，以此作为区别于表示麦子的"来"字的标志。"夂"是像人脚形的"止"字古文字"止"倒过来的形状，也跟"止"一样表示行走的意思。所以，"麦"字原先其实是表示来去的"来"的。也就是说，很久以前，"来"字表示麦子，"麦"字表示行走。后来，"来"字和"麦"字之间发生了字义对调，才形成了今天的局面。

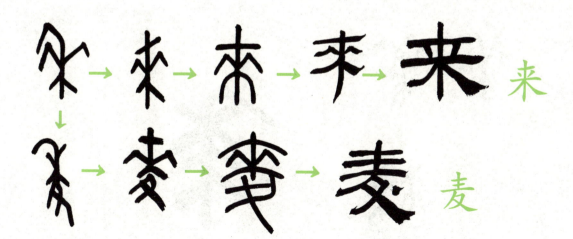

香喷喷的黍

　　我们常说"五谷丰登"，所谓"五谷"，一般认为是指麦、黍、稻、稷、菽这五种粮食作物，其中黍是一种高级作物，《说文解字》把它描述为"禾属而黏者"，这是正确的。不同种类的作物在形态上存在或大或小的差别，所以，我们的祖先在造字表示这些作物的时候，就把它们之间在形态上的差别抽象化、放大化，以发挥相互区别的作用。

甲骨卜辞"受黍年"

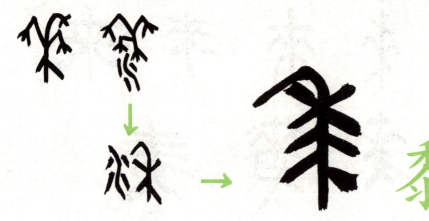

　　我们从表示麦子的"来"字可以看到，麦子的穗是向上生长的，黍跟麦不一样，它的穗是散的，所以"黍"的甲骨文字形便突出、放大了散穗这一特点，十分形象。甲骨文里的"黍"字有时候会在下面加"水"旁，表示人们比较重视黍这种高级作物，必要的时候会引水灌溉。后来，有"水"旁的字形被两周金文和战国文字保留了下来，原来的"黍"形被简化为"禾"。这时候的"黍"字便不再是象形字了，变成了"水"旁与"禾"旁组合而成的会意字。

　　黍在上古时代经常被认为是粮食作物的代表，甲骨卜辞常常以"受黍年"表示农作物丰收。

　　黍既然是高级粮食作物，当然就香气四溢了。"香"字的甲骨文字形就是在"黍"字下面加一个"口"形，表示吃黍的时候闻到它散发出来的香气，是一个会意字。后来，"口"形繁化，变成了形、义都与之接近的"甘"字，《说文解字》里"香"字的小篆字形下面就是从"甘"旁。从篆书到隶书的演进过程中，"黍"旁被简化成"禾"旁，"甘"形也被隶定为"日"形，这样就有了我们今天写的"香"字。

不能吃的豆和能吃的豆

　　大家看到这个标题，也许会纳闷：这是脑筋急转弯么？大豆、豌豆、红豆、绿豆……有什么豆是不能吃的呢？没错，这些豆都是可以吃的，不能吃的是"豆"字最初表示的东西—— 一种形似高脚盘的器皿，古人用它来盛食物。想必大家都还记得《孟子》里讲的"一箪食，一豆羹"吧，这里的箪和豆都是盛食物的容器。

　　按制作材料的不同，豆可以分为陶豆、铜豆、漆豆、木豆等类别；从外观形制来看，它又有有耳或无耳、有盖或无盖的分别。这些不同种类的器皿之所以都称为豆，是因为它们有着相同的造型结构，都由镫、校、腹三部分构成。镫是豆的底部；校是豆的腰身，供使用者把持；腹是用来装食物的部分。从甲骨文一直到小篆，"豆"字的字形没有发生太大的变化。

　　"豆"字最上面的一横代表豆的盖，甲骨文和

金文里的"豆"字多数有上面的一横，少数没有，说明当时大多数情况下豆都是有盖的。中间突出的部分表示豆腹，有时候这里面会有一个短横，表示豆腹里面盛有食物；与表示豆腹的部分相连的两竖是豆校的象形，两竖中间的小短横很多时候都被省略掉了，它并不影响表意；底下的一横就是豆镫，即豆的底座。

青铜豆

　　字形构造和"豆"字类似的还有"皿"字，它的古文字字形也是容器侧视图的象形。

　　皿中盛物，满而溢出，便是"益"。"益"的古文字字形就像器皿中装满了东西，堆成小山一样，以至于会溢出。到了战国时代，楚国文字中的"益"字上面像小山一样的形状已经变得面目全非，成了"八"形下面加两横。在秦国文字里，这部分更是讹变成了"水"，这种讹形恰好为后世所继承。原来"益"就是"溢"的表意初文，后来被借用来表示更加、有好处之类的意思，于是人们就在它的左边添上一个"水"旁来表示本义，这才有了"溢"字。

益
溢

　豆既然是一种容器，那么它便有一定的容积，盛满某种特定的东西便有了一个具体的重量。因此，在古代，豆又是一种标准量器的名称。据《左传》昭公三年记载，豆是春秋时期齐国所用的四种标准量器之一（其他三种为区、釜、钟）。与其他量器一样，豆也被引申为重量计量单位，古时以十六黍为一豆，六豆为一铢。铢已经是很小的计量单位，豆比铢还要小，可见其分量极轻。

　上古时代人们的饮食活动要严格遵循某些规定：乡间饮酒，六十岁的只能喝三豆，七十岁可以喝四豆，八十岁五豆，九十岁六豆……年纪越大，可以享用的饮料或食物的量也就越大。

　顺带提及几个跟豆关系密切的字。

　双手捧着豆敬献给贵宾或神祇，就是"登"。在商代晚期的甲骨文里，我们常常可以看到关于商王对祖先举行进献食品的"登"祭的记载。"登"原初的意思就是双手捧酒具（豆）。

　当然，古人并不是不吃豆，只不过能吃的豆最初不叫豆，大豆叫"尗"，

小豆叫"苔"。后来，人们把当容器讲的"豆"借用来表示跟它同音的词——豆麦的"豆"，表示这个意思的"豆"字有一个异体字写作"荳"，这是由"豆"字加上表示植物的"艹"头分化而成的。不过，在"荳"字出现后，"豆"字依旧被普遍地用来表示豆麦的"豆"。在解放后的异体字整理工作中，"荳"字被并入了"豆"字。（字音、字义相同而字形不同的字互为异体字，这是广义的异体字概念。一组异体字中大家公认并通行的字为正体，其余为异体，这是狭义的异体字概念。）

在"朮"的右边加一个手形　，表示用右手把朮捡起来，就是"叔"。像右手之形的"ㅋ"就是今天的"又"字，在古文资料中，用"又"表示"右"的情况是非常普遍的。后来，人们又在"叔"字上面加上一个"艹"头，便变成了古书里面常见的"菽"，《诗经》就有一篇叫《采菽》。清代有个大学者叫钱大昕，他对上古音韵有精深的研究，从他的相关研究成果可以推断出"菽"和"豆"古音非常接近，后来渐渐被混用，大约在秦汉之际，人们就已经把菽叫作豆了。但是，在现代一些语言文字学著作里，不时会出现诸如"豆假借为菽（也就是用'豆'字表示本应用'菽'字表示的词）"这样的说法。我们要知道这种说法是不对的，只能说"豆"和"菽"各自表示的词有亲属关系，很可能有着相同或相近的来源。它们早就已经分化了开来，我们就不能简单地说"豆"假借为"菽"了。

　　"荅"，《说文解字》解释说："小尗也。"也就是小豆。但是，这个意思很少用，大部分古书都借用为回答的"答"。隶书"艹"旁写作"艹"，"竹"旁写作"艹"，二者很容易混同。现在文字学家们一般认为"答"字是从"荅"字分化出来的俗字。什么是俗字？对大家公认、久经通行的文字而言，新字就是俗字，其中既有简化字，也有繁化字。人们对于俗字的应用有两种偏见：其一是认为见于经典的字是正字，不见于经典的字就是俗字，最好不用俗字；其二是认为俗字就是经典，应该推广开来。我们要排除这两种偏见，从文字的功用出发看待相关问题。

鬲中煮粥

煮粥的炊具"鬲"

　　粥历来是中国人的主食之一，考古学家们在仰韶文化和龙山文化遗址都发现了煮粥的炊具"鬲"，可见中国人食粥的历史可以追溯到五六千年前。我们现在写的"粥"字是两个"弓"中间夹着一个"米"。粥用米煮成，以"米"为偏旁很好理解，但是，为什么会有两个"弓"呢？

　　原来，我们现在看到的"粥"字的两个"弓"形跟弓并没有关系，只要看一下"粥"字小篆字形就可以知道，中间是古人用来煮粥的炊具"鬲"，"鬲"上面有"米"，左右两边并不是"弓"旁，而是两根细长的曲线，像煮粥所用的鼎鬲类炊煮器的两边之形，只是写得比较宽阔而已。过去有些讲文字学的人认为这两笔像煮粥时炊煮器中冒出的热气，从《说文解字》中与"粥"字同属"鬻"部的其他字的更早的古文字字形看，别说"弜"其实并没有这个意思，就是"弜"这个偏旁也是不存在的，以此推想，"粥"字的本义应该就是鬲中煮粥。

粥

古人很早就开始尝试在粥里"加料"。《说文解字》对"糜"字的解释是"糁也"。糁是什么东西？能吃么？当然能！《说文解字》也告诉我们："糁，以米和羹也。"也就是说糜和糁指的都是用米掺和肉羹而成的食物，也就是我们常吃的肉粥。肉吃多了会觉得腻，人们自然就想到用相近的方法去做菜粥，用来表示菜粥的是"糝"字。不过，这些专用字的本义现在已经不再为人所知，肉粥、菜粥却一直代代相传，深受广大人民的喜爱。

粒粒皆辛苦

中国是世界三大农业起源地之一（另外两个是西亚和美洲），我们的祖先很早就开始栽培粮食作物，用来表示各种粮食作物的字也随之出现。我们知道，粮食作物一般统称为禾，而在古文字中，"禾"字的影踪屡屡出现。

其实，"禾"在古书里面有广义和狭义之分。狭义的禾特指小米，这是它的本义；在古代，小米是北方地区最重要的作物，所以禾就引申为所有谷类作物的总称了。前面讲麦和黍的时候已经提到，表示不同粮食作物的字，相互之间的区别就在于穗的形态，麦和黍我们都清楚了，现在我们看看小米长什么样子。

甲骨文中的"禾"字酷似成熟的谷子，下部像稳固的根，顶部像略微下垂的穗，中间茎部挺直，叶子迎风招展，有时候还在顶部下垂的穗形上画出一颗谷子的形状，更加形象。这种字形为两周金文、战国文字乃至小篆所继承，后来，经过隶变，像谷穗之形的下垂部分变成了一撇，上面的两片叶子被拉直为一横，下面的一组叶子则变为撇与捺。汉字从篆书向隶书演变时，大多数的字都经历了笔画被最大限度拉直的变化。隶变是指汉字由篆文演变为隶书的过程，是汉字发展历程中从古文字阶段走向隶楷文字阶段的起点。

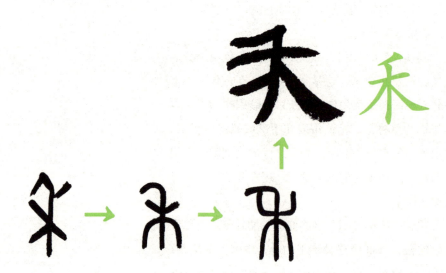

　　种植粮食作物有一套完整的流程，随着工作程序的逐步推进，植株的形态也不断发生变化。

　　在播种之前，需要把土地翻松，我们的祖先称翻土用的农具叫耜，骨耜和木耜很早就已经被广泛使用，商代晚期出现了青铜耜，表明农业生产工具的飞跃性进步。耜的形状为扁状尖头，柄与耜头连接处有一段短木，末端安横木。使用时，手执横木，脚踩耜头短木，使耜头入土、起土。当时的人们模仿耜的形状，造出了"力"字表示耜这种农具，字里的短画表示踏脚的横木。因为用耜松土需要花很大的力气，所以"力"引申出力气的意思。

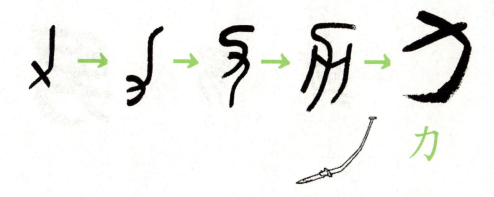

力

执耜耕田的一般是男人，所以"力"和"田"组合起来就是"男"字。这跟拿笤帚扫地者多为女人，故"妇"字的繁体"婦"从"帚"旁是一个道理。"男"字既有写成上田下力或上力下田的，也有写成左田右力或左力右田的。这是因为在古文字里，偏旁位置往往是不固定的。不过后来只有上田下力的写法被继承了下来。

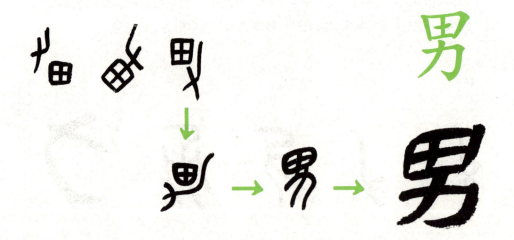

　　松土不能仅仅用耜，还需要其他工具。耒是另一种重要的松土工具，它的形制和耜略有不同，上端是一根弯曲的木棍，下端成两岔的叉状，叉和弯木相接处也有一根横木，便于用脚踩进土里。有的考古学家认为，耒就是犁的原始形态。"耒"字最开始的时候也是个象形字，后来，人们为了表意更加明确，在弯木的上端加上了一个手形。在字形演进过程中，它发生了严重的讹变，下面的横木和两齿叉形讹变成"木"，上面的手持木柄形又发生讹变，于是，就变成我们今天写的"耒"字了。

用耒犁田，就是"耕"。但由于"耒""田"两个偏旁组合起来的字形很容易跟"男"字混淆，所以后来人们把"耕"字改成了以"耒"为意符、"井"为声符的形声字。组成文字的各种字符可以分为三类：意符、音符和记号。与文字所代表的词有意义上的关联的字符是意符，意符包括形符和义符。作为象形符号使用，通过自己的形象来起表意作用的意符成为形符；义符一般由已有的字充当，它们依靠自身的字义来表意。

一番辛劳之后，预备工作终于完成，农民伯伯在翻松的地里播下种子，种子在春雨的滋润和沃土的呵护下渐渐抽出嫩芽，茁壮成长。

春去夏来，禾苗开出一朵朵小巧玲珑的花儿，这就是"秀"。"秀"字上面是"禾"，大家应该都不难猜想到它跟庄稼有关。可是，下面为什么是"乃"呢？1975年，在湖北省云梦县睡虎地秦墓出土了一批竹简，里面就有"秀"字。从睡虎地秦简里的字形，我们清楚地看到那并不是"乃"字，而是"引"字。时代较早的石鼓文和楚文字下面是"弓"，可以看作是一个省略了一部分的"引"字，"引"和"弓"在作形旁的时候可以相互替换。"秀"就是从禾苗引出花儿的意思。

开花结果，本是自然规律。当秋风吹起的时候，禾苗们在农民伯伯的悉心照料下渐渐结出了谷穗，远远望去，它们像一个等待检阅的方阵，都一样的高，这就是"齐"。到了战国时代，人们在它下面加了两笔作装饰，直到今天，繁体"齊"仍保留着这两个饰笔。

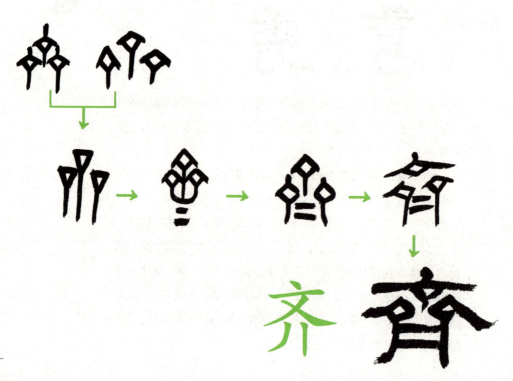

　　谷穗成熟，便是收割的时节。右手里拿着一把刚割下来的禾，就是"秉"；拿着两把禾，就是"兼"。

农民伯伯身上背着一捆捆刚割下来的谷穗，走在回家的路上，这是"年"。"年"字以一个人背着禾的形象表示收成，它所描绘的场景洋溢着属于劳动人民的最简单而充实的幸福。

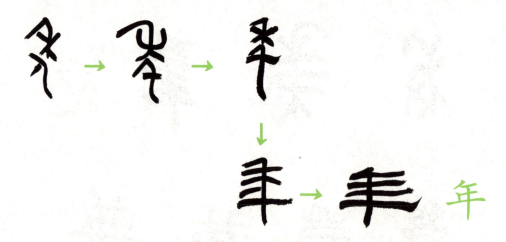

刚收割下来的谷子水分比较多，如果不加处理的话，一来容易发霉，二来不便于脱粒，为了解决这个问题，我们的祖先想出了一个好办法——曝谷，也就是把刚收下来的带水分的谷子放在阳光下曝晒，依靠阳光的温度烘干水分。"曝"在古文字里写作"暴"。在战国以前，"暴"的字形就像双手拿着草木之类的东西在太阳下曝晒的情景，后来，人们在它下面加注一个"米"旁，于是这个字的结构就变成了表意兼形声了。在战国晚期秦国以及秦代的一些竹简中，中间像双手持草形的部分省变为"共"，这种字形后来为汉代的隶书所继承；而在汉代的玺印和部分碑刻里，"暴"字的"曰"下没有像草木之形的部件，它的字形直接表示双手捧着米在太阳下曝晒。最晚不晚于东汉，"米"旁已讹变成了"水"旁，于是就有了我们现在所见到的字形。

"曝"字通行以后，人们就很少再用"暴"字表示语言中"曝"这个词了，但在某些语言环境中，表示"曝"的"暴"字仍被使用。比如"暴露"的"暴"，本来是表示"曝"这个意思的，其书写形式却一直没有改成"曝"，因此大家就都按照残暴之"暴"的读音来读它了。异读通行既久，慢慢地取代了正读而被正式承认，成为新的正读。这种异读取代正读的现象其实有一定的普遍性，细心的你一定会发现其他类似的例子。表示曝晒意思的"暴"字和暴躁、暴戾的"暴"原本并不是一个字，后者下部所从的不是"米"，而是"夲"（不同于"本"）。顺便谈谈成语"暴虎冯河"的"暴"，现在一般把它理解为"空

手搏斗"的意思，但是，从有关的古文字来看，这种理解是不对的。这里的
"暴"字是被借用来的，它有一个本字"虣"，表示徒步持戈与虎搏斗，可见
"暴"并非空手搏斗的意思。古代盛行车猎，对老虎这样凶猛的野兽不用车猎
而徒步持戈跟它搏斗，已经是非常勇敢的行为了，冯河是不用船渡河，暴虎
是不用车打虎。一般认为它形容人有勇无谋，其实不然，从古书里的文例看，
它只有勇敢的意思，而没有无谋这一层贬义。

晒干的谷子要存放在粮仓里，"仓"字甲骨文字形是在"合"字的"口"
上面加一个"户"。户是门的一半，古代的门都是两扇对称的，只有一扇门就
叫作户。这种储存粮食的仓库是有户无门的。把小门（户）合上，就是"仓"。

古时候又把粮仓叫作仓廪，"廪"字的初文写作"靣"。你看，这个"靣"
字是不是很像有苫盖的谷物堆呢？后来，人们为了表意明确，在它上面加注
了"米"。再后来，在下面加注"禾"旁的做法慢慢取代了加"米"的表意方

法，又加注表示建筑物的意符"广"而成"廪"，下部所从的"禾"后来讹变为"示"。"廪"字产生以后，"禀"字就不再表示仓廪的意思了，而用于表示它的引申义禀承、禀报。

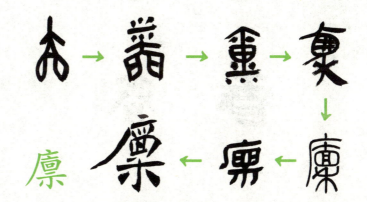

收割下来的谷物还不能直接食用，还要经过一系列的加工，"舂"是其中一道重要的加工程序。"舂"字的甲骨文字形十分形象地表现出了舂米的情景：把谷子放在专用的容器——臼里面，手持一根专用的棒子捣掉皮壳或者捣碎。需要说明的是，"舂"下面的"臼"旁往往与"凵"混用，《说文解字》对此的解释是上古时代的人们在地上挖一个坑来舂米，"凵"便像凹陷的土坑形状，晚一些时候才有了专门用来舂米的容器。

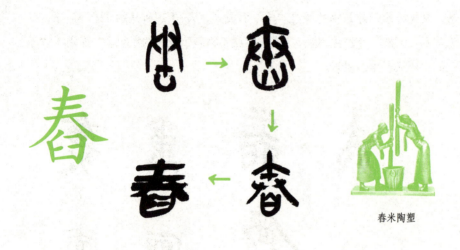

春米陶塑

经过春捣去皮的谷子,就是"米",甲骨文的"米"字就像一颗颗饱满的米粒。

　　勤劳朴实的农民伯伯把汗水洒在广袤的黄土地上，灌溉出丰硕的收成，换来负谷归仓时满足的微笑。他们带月荷锄的形象成为中华民族共同历史记忆的一部分，"荷"字的表意初文"何"字便生动地再现了这样的一幅图景。"何"字是一个会意字，表示人担着一筐东西，后来担着东西的"人"形简化成了一般的"人"旁，像所担的筐子和锄头的形符也被改成了形近的"可"，这就变成了我们今天写的以"人"为形旁、"可"为声旁的"何"字。

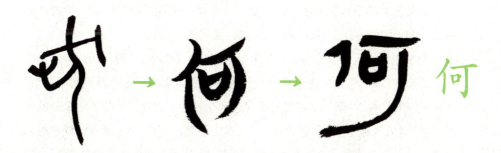

　　年复一年的精耕细作，才使占世界7%的耕地养活了占世界22%的人口。"谁知盘中餐，粒粒皆辛苦。"

大蒜和苹果的故事

　　古代的童蒙识字课本《千字文》里有一句"果珍李柰，菜重芥姜"，意思是水果中的李、柰和蔬菜中的芥、姜在人们的饮食结构中占有重要的地位。善于发现问题的你一定会问：李子、芥菜和姜都是常见的蔬果，可是"柰"是什么呢？简单检索一下古代的植物学和药物学著作，不难知道，它就是棉苹果，类似沙果。

　　很久以来，人们都认为"蒜"字是以"艹"为形旁、"祘"为声旁的形声字。其实，"蒜"字原来并不是"艹"头的，它本来的写法应该是两个"柰"组成的左右结构。"柰"字在发展演变过程中发生了讹变，产生了一个新的字形"祟"（仍然对应"柰"这个词）。在古文字中，"祟"字上部有时候也可以写成"屮"，由这种字形重复而生成的"蒜"字，其上部从外形看就是"艸"（即"艹"），这种结构很容易被不知道"蒜"字本来结构的人看成上"艹"下"祘"，于是就变成了现在我们看到的样子。

　　古文字资料中的"蒜"字告诉我们，两个"苹果"才是一颗"蒜"。

　　在古人看来，蒜因为有刺激性气味且辛辣，可以防治毒虫，是一种有解毒功效的药物。食用、涂抹甚至悬挂蒜，都有避恶除瘴的作用。

　　中国本土的蒜是小蒜，大蒜的原产地在西亚、中亚一带。西汉张骞出使西域把大蒜引进中土之后，在中国人的认识里才有了大蒜和小蒜之别。

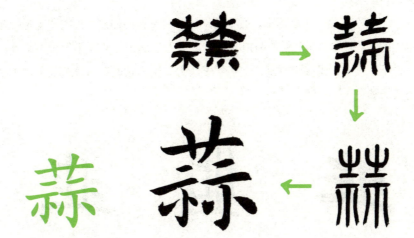

一畦春韭绿

韭菜历来都是家常菜，农村普遍种植。春韭爽脆鲜滑，是不可多得的大众美食。

"韭"字是一个象形字。底下的"一"是土地的抽象，说明韭菜是种在土地上的；上面的"非"就像两根韭菜在平地上长出来。韭菜不用年年栽种，一旦种下，便可以供多年收割。文字学家认为，因为它能存活很久很久，所以它的读音和"久"一致。

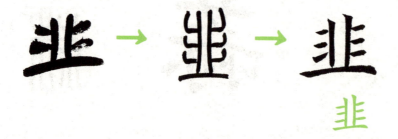

韭菜有补肾温阳、益肝健胃、润肠通便、行气理血的作用，养生功效非常明显，所以又被称为"起阳草"。

唐代大诗人杜甫在战争离乱的年代途经旧友卫八处士家,受到热情款待。"夜雨剪春韭,新炊间黄粱。"故人情深,杜甫为之潜然泪下,写下了千古名篇《赠卫八处士》。

韭菜的鲜美可口几乎人尽皆知,有一句民间谚语说:"二八韭,佛开口。"韭菜属于"五辛"之一,按照佛教戒律,僧尼是不允许吃"五辛"的,然而,对于春韭,佛也经不住诱惑要开口尝鲜。北宋的苏东坡不仅是卓越的文学家、书画家,而且是一位很有见地的美食家,他也曾经写下"渐觉东风料峭寒,青蒿黄韭试春盘"来赞美春韭的美味。

"一种而久青,故谓之韭"——《说文解字》

中空的葱

　　"葱"字在秦汉时期写作"蔥",上部"艹"头说明它是草本植物,那么,下面的"悤"是什么意思呢?

　　想象力丰富的你一定会联想到,窗户的"窗"下面也有一个和"悤"字一样的"囱"。它们之间确实是有关系的。"窗"在古代指的是天窗,开在墙壁上的叫作"牖"。另外,我们知道,聪明的"聪"繁体写作"聰",右边也是"悤"。窗、牖使屋里和屋外相通,聰的意思是耳通,所谓"耳聪目明"。这几个以"悤"为共同偏旁的字都包含着通的意思。"葱"字下部古代写作"悤",正是因为葱叶中空。

　　这里简单谈谈"悤"旁的字形演变。西周金文的"悤"字写作"心"上加一点形,表示心的空窍,引申而有心开窍、通彻的意思。春秋战国直到秦代和西汉早期的竹简以及西汉的印章也大多数沿袭西周字形,只不过常常把上面的一点改成一个"十"形。西汉晚期的隶书才把"心"上的一点改写为一个菱形,有时在中间空白处画上一个叉。汉代人似乎有这么一个习惯,在字内余白较多的密闭空间打上一个叉来平衡字内空间的疏密,使字的结构看上去更加匀称美观,不仅"悤"字,"山"字也受到了同样的待遇。后来,"心"上面起表意作用的菱形被改换成了起表音作用的"囱",成为"悤"的声旁,使表意字转化为形声字。在汉代的隶书里，"怱"旁又有写作"公"的，这种写法长期以来被视为俗体，今天通行的简化字"总"字就是"公"的变形。

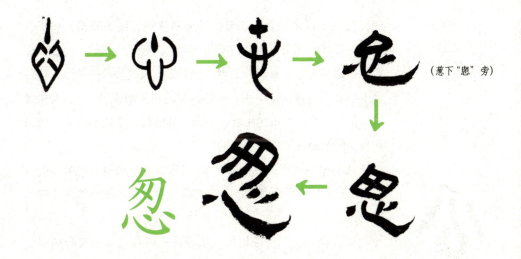

（葱下"悤"旁）

　　你一定已经注意到，上面所举的这几个以"悤"为偏旁的字读音都相同或接近，说明"悤"是这几个字共同的声旁。具有相同声旁的字有时候可能会含有某种相同的意义。早在清代，就已经有不少学者发现了这个秘密，他们利用汉字结构的这一特点考证了许多字在上古时代的意义，解决了不少当时人阅读古书时遇到的难题。

瓜熟蔓绕

　　瓜属于蔓生植物，需要借助藤蔓依附在诸如墙壁、树干或者人工搭建的棚架等相对稳定的物体上。"瓜"字是一个象形字，古文字的"瓜"字有两种类型，一类像一只连藤带果的瓜，这种字形后来没有被保留下来，所以这里就不详细说了；另一类像藤蔓分岔处挂着一个瓜的形状，中间部分酷似一个成熟的瓜，两边和顶上的笔画代表略微卷曲的瓜蔓。

　　我们现在所用的隶楷文字中，"瓜"字字形跟上述第二类古文字字形差距并不是太大。只是把笔画拉直了，进行线条化的处理而已。

　　在古代，人们常常根据生活经验，用身边事物有规律的变化状况作为日常计时的工具。春秋时期，齐襄公派连称和管至父两个人去戍守葵丘，他们在瓜熟的时候动身前往，齐襄公就和他们约定说："到明年瓜熟的时候就派人接替你们。"后来，人们就用瓜熟来指代戍守一年期满后派别的人来接替的时间，这叫作"瓜代之期"。再后来，人们把官吏任期届满或就任、女子出嫁与戍守之事类比，也叫作"瓜期"。

　　古代敦煌一带盛产各种香甜可口的瓜，所以这里有一个叫"瓜州"的地方。江苏邗江大运河与长江交汇的地方叫"瓜洲"，那是因为洲的形状像瓜。这个瓜一样的沙洲已有一千多年历史，它总能得到各路豪杰俊彦的垂青，唐代高僧鉴真东渡日本就是从瓜洲出发的，南宋爱国词人陆游的一句"楼船夜雪瓜洲渡"至今脍炙人口，杜十娘怒沉百宝箱的故事更是广为流传。

硕果累累

　　原始时期，人类便开始采摘树上的野果充饥，进入文明时代以后，人们开始有意识地种植果树。果实一般生长在树木上，如果造一个像果实形状的字表示果实，恐怕表意不够明确。所以，我们聪明的祖先在造字时就把生长果实的树木一起表示出来了。中间竖画向下伸出的两个斜笔表示树木的根，中间向上的两个斜笔则表示树木的枝叶，枝叶的上面就是累累硕果。后来，人们为了书写简便，去掉了上部"田"形里面的几个表示果实的点，直接把上部写作"田"。汉代以后，为了表意更加明确，有些人在"果"字上面加上"艹"头，表示水果是植物，这种字形作为异体一直存在于人们的日常书写中，直到解放后异体字整理才把它重新合并到"果"字里。

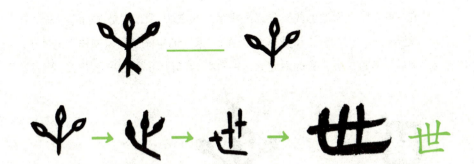

世

　　"果"字的本义就是果实。一棵果树要经过为期一年的成长过程才能结出成熟的果实,此后又开始下一个春华秋实的轮回。"结果"是果树"春华秋实"的终点,所以"果"字从它的本义引申出"经过一系列复杂的过程后的成果"这样的意义,这也就是我们所说的因果的"果"。

　　顺带说一下,以前有人误以为甲骨文中的"🌿"是"果"字,其实他们都弄错了。只要你认真观察,就不难发现附着在表示树枝的两个斜笔上的部分并不像圆圆的果实,而像一片片叶子,所以这个字应该是"叶"字的初文"枼",树叶很难单独地画出来,所以跟"果"字一样也把它的母体——树木一起画出来。

　　树叶一般"一岁一枯荣",所以"叶"字引申而有世代的意思,"世"字的古文字字形就是"枼"古文字字形的上半部,所以说"世"是由"叶"分化出来的一个字。

在"叶"字上面添上像抓取或执持东西的"爪"形，就是采摘的"采"字，"爪"是覆手向下抓东西时的形象，因而，"采"的本义就是采摘树上的叶子。"采"字后来有过加提手旁的后起分化字"採"，在异体字整理中已并入"采"字。

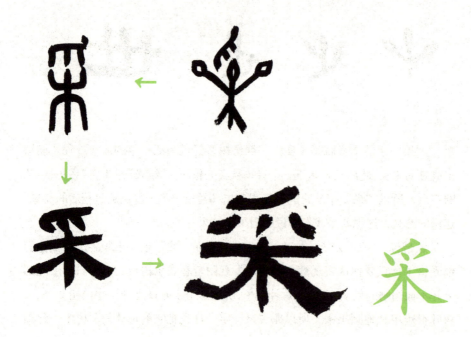

望梅止渴

　　曹操用虚拟的梅子振奋军心的故事想必是家喻户晓的，这种能解渴生津的梅子就是我们今天在亚热带地区常见的青梅。梅子的"梅"，在古代有很多种写法，除了写作"梅"之外，还可以写成"楳""槑"等形。有些文字学家认为，"梅"字的本字是"某"，而"某"又是从现在作为"无"字繁体的"無"字简省分化出来的，这几个字之间的关系比较复杂，需要费一番梳理之功。

　　战国晚期的燕国陶文里面有一个形近"某"的字，这个字形就是"舞"的表意初文"無"的古文字字形的简体的一半，也就是说，这个与"某"字相近的形体是从"無"字简化再简化的结果，所以它仍然被文字学家们读作"無"。"無"和"某"不仅仅字形接近，而且读音也相差不远，从"無"字到"某"字的形体变化和保持读音相对稳定的需要是相适应的，在语言学里，这种现象称为"音化"。那么，为什么古人会用"某"字表示语言中"梅"这个词呢？它们在语音上的亲缘关系或许是最大的原因吧。我们不妨这么看，原来表示"無"一类意思的"某"字被假借来表示"梅"这个词，从这个意义上说，"某"是一个假借字；但相对于通过改换声旁而造的后起字"梅"而言，它又是本字，这里"本字"的概念并非相对于假借字而言的本字，而是相对于后起字而言的本字。

按照这条线索，我们不难推测出来，"梅"字的其中一个异体"槑"也是从"無"字分化出来的，不少专门研究战国文字的学者都倾向于认为它是由"無"字较繁的一个简体（这个简体相对于"某"还是繁体）省并笔画而成的一个字。

"梅"字的另外一个异体"楳"就是在它的本字"某"的左旁加上一个表意的偏旁"木"，表示梅子是木本植物。

梅

梅子也在人们的时间观念中扮演着和瓜性质相近的角色，古人把梅子的成长阶段与从春季到夏季的几个时间段对应起来。北宋词人张先所说的"梅子青时节"就是暮春到初夏的时候；五月左右梅子黄熟，这时正好是江南地区的雨季，长江中下游地区都笼罩在一片潮湿之中，人们把这绵绵不绝的降雨叫梅雨，北宋词人贺铸就写过一句"梅子黄时雨"，用来比喻自己的愁绪像梅雨一样绵绵无尽。

一起了解了"梅"字的前世今生之后，你还渴吗？

花褪残红青杏小

　　南太平洋上的岛国斐济是世界上独一无二的"无癌之国"，未曾出现死于癌症的人，而且居民的寿命都很长，素有"长寿国"之称。这是为什么呢？原来，斐济盛产杏，当地人经常食用杏子，而杏子的保健养生作用十分显著，因而科学家推测这是斐济人健康长寿的主要原因之一。

杏

不仅斐济岛盛产杏子，我国很多地方也有很长的栽植杏树的历史。上海博物馆藏战国楚竹书中有一个上面是"林"下面是"甘"的字形，在简文中读为"向"，这个字形和我们现在写的"杏"字看起来很接近。因为"向"和"杏"在上古时代的读音接近，所以有些古文字学家认为这个字就是"杏"字的古文字写法了，我们现在所见到的上"木"下"口"的"杏"字很有可能是从这个字省变而来的，用意义相关的、笔画较少的"木"和"口"分别代替了笔画较多的"林"和"甘"。

上海博物馆藏战国楚竹书字形图

杏也是古代文人墨客很喜欢用的意象。二月春初的一簇簇杏花，以生机勃勃的姿态预示着春回人间。"红杏枝头春意闹"是宋词中数一数二的名句，当时在工部尚书任上的作者宋祁，因为写出了这句词而被称为"红杏尚书"。北宋词人张先有一首《更漏子》写道："黛眉长，檀口小。耳畔轻声道：柳阴曲，是儿家，门前红杏花。"是写歌女在向客人劝酒的情景。面红耳热之时，"耳畔轻道"起来："可别忘了，柳阴隐秘之处，有妾的闺室，门前开有红杏花。"

原来竟是邀人去她家幽会呢！歌女的感情可谓大胆奔放，词人心领神会，因而情真意切地写来，将两番心境都融入几枝娇艳的杏花之中。可叹的是杏花，无辜地被人们视作轻慢不贞渴望琵琶别抱的象征，"质本洁来还洁去"的杏花自此身染不白之冤。

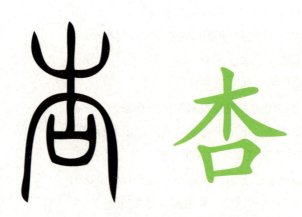

小心枣子的刺

　　枣在我国已有八千多年的种植历史，自古以来就被列为"五果"之一。成熟的枣子不仅甘甜可口，而且有滋阴养颜、补血安神的功效，营养价值极高，俗话说："一日吃三枣，终生不显老。"

　　"枣"字的本义是枣树，繁体写作"棗"。它的甲骨文字形在"木"字上面加上许多逸出的旁枝，像枣树多刺的形貌。从战国晚期开始，"枣"字的字形开始讹变为两个"来"合体的上下结构。《说文解字》依照已经讹变了的字形分析"枣"字为两个"朿"的上下组合，这就成了我们现在看到的繁体字形。

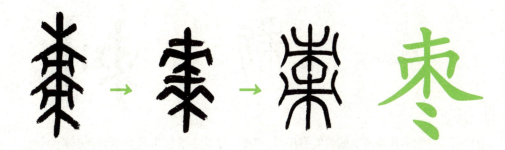

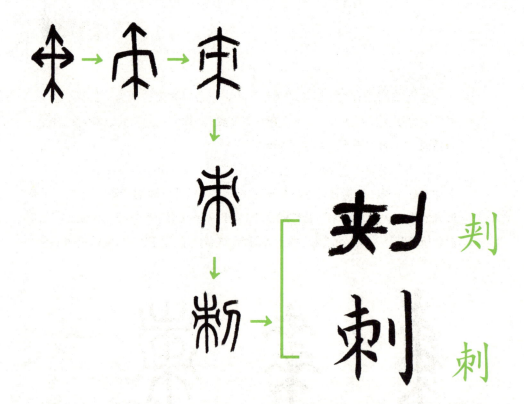

在秦代和西汉的简牍帛书里，"枣"字偶尔被借用来表示语言中"早"这个词；在平顶山战国中山王墓出土的青铜器铭文中，用来记录"早"这个词的字，是在假借字"枣"上加注表意偏旁"日"而成的后起本字。

　　一棵枣树是"枣"，一丛枣树就是"棘"。因为枣树多成对的针形刺，所以从"棘"引申出多刺的意思，所谓"荆棘丛生"，用的就是这个意思。

　　"枣"字和"棘"字都曾被不明造字本义的人认为是"束"旁的，其实"束"字的早期古文字字形跟这两个字所从的偏旁并不一致，从字形可以判断出，它有三个尖头，也就是冷兵器时代打仗用的三锋矛，是"刺"的初文。后来，人们为了表意更明确，还在它的右边加上了一个"刂（刀）"旁。在东汉以前，"束"和"刺"的意义已经分化了，"束"

《扑枣图》，宋代

表示名词芒刺，"刺"则表示动词刺杀一类意思。在西周中晚期的金文中见到的"束"字，已经不那么"锋芒毕露"了，几个尖头都被拉平变成横或竖了，由于书写草率，有时候会和"来"字混淆。汉代的印章里的"刺"字左旁的"束"有时下部讹变，但上端仍然保持造字之初的形态，"刺"有一个俗体"剌"，就是从这种篆文变来的。

　　顺便提一下，现在很多人写字，"束""束"不分，实际上它们之间毫无关系，我们在书写中应该注意分辨。现代汉语中"束"字用得少，所以由此引起的问题并不影响正常的交流。但是，有时候也会带来一些问题，比如有些人读古书，把古书常见的"速"字误认为是"速"字，事实上，"速"字是以"朿"为声旁的形声字，是"迹"字的一个异体。"迹"字还有一个异体"蹟"，其实也是从"朿"得声的。大家不禁要问，"朿"字在哪里？其实，"蹟"右边"责"字的上部就是从"朿"演变而来的，"责"字本身也是以"朿"为声旁的。

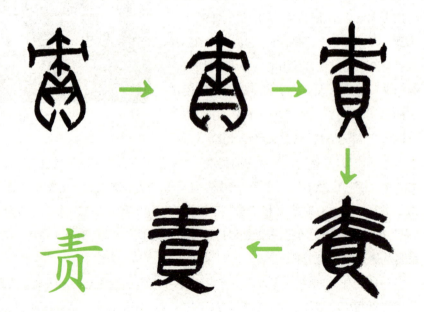

举个栗子

我国的劳动人民早在四千多年前就已栽培板栗。香甜美味的栗子，自古就是珍贵的果品，是干果之中的佼佼者。中医认为栗子有健脾益气、补肾强筋、活血止血的作用。

"栗"字的本义是栗树，甲骨文字形上部本来像栗树上长的栗子，石鼓文中"栗"字的栗子形改成了"卤"字。它形容的是果实挂在树上的样子，属于象形字。下部的"木"是栗树的抽象形象，跟前面讲的果、叶等字下面的"木"是一致的。汉代以后，上面的"卤"慢慢讹变成了"西"形。

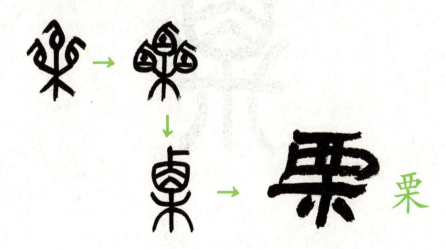

和"栗"字结构非常接近的是"粟"字。乍一看，两个字的古文字形上面的部分似乎是一样的，但事实并非如此，"粟"字上部的是"卤"，而不是"卤"。"卤"和"粟"在上古时代的读音很接近，所以说"卤"是"粟"的声旁。下面的"米"是形旁，"粟"是一个形声字。后来，人们把"粟"字上面的"卤"和"栗"字上面的"卤"混同起来了，也讹变成了"西"。

牺牲的"牺牲"

在现代汉语里,"牺牲"意味着为正义的事业捐躯或割让自身的利益,披上了崇高、壮烈的外衣。然而,在古代,它却只是一个普普通通的名词。最开始的时候,它指的是供祭祀用的整只的纯色牲畜,色纯为"牺",体全为"牲"。后来,由于词义的泛化,它也泛指用动物所作的祭品。

牛鼎铭文

为人类而牺牲的"牺牲"——供祭祀用的牲畜,一般是牛、羊、豕(即猪),三牲齐备称为"太牢",没有牛而只有羊和猪就叫"少牢"。在上古先民的心目中,牛拥有某种特殊的地位,《说文解字》对"牛"的解释是"大牲也","牺""牲"两个字都从"牛"旁,可见"牛"的地位应该是比猪和羊高的。1928 年中央研究院历史语言研究所在河南安阳殷墟进行了大规模的科学考古发掘,出土了一大批刻有卜辞的龟甲和兽骨,同时也出土了一些商代晚期的青铜器。其中最大的一件器内底部铸有像牛头形的"牛"字铭文,可能是器主的族名或私名,所以这件青铜器被叫作牛鼎。甲骨文以下的字形都是牛鼎的"牛"字字形的线条化。牛、羊都是常见的家禽,它们身上最有特色的地方就是角和头,所以"牛"字和"羊"字都是它们的头部形象。

牛鼎

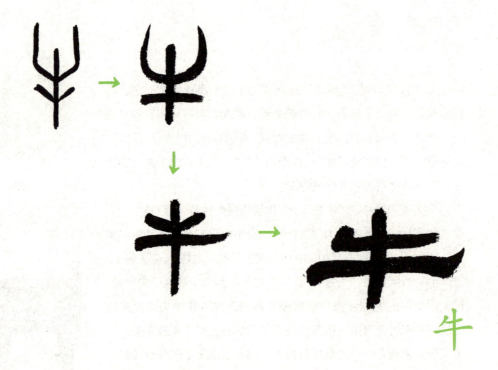

牛

很多以"牛"为偏旁的字虽然看起来好像跟牛没有什么关系，其实，在古代，它们的字义几乎都跟牛有着这样那样的联系呢。不信的话，可以看看下面几个字的本义。"牟"字的本义并不是"牟取"一类的意思，而是一个象声词，表示牛叫的声音。在秦代和西汉，它的字形如图所示，在"牛"上面添加一个短小的笔画表示牛叫。直到东汉的《曹全碑》，才出现了我们现在看到的字形。后来，"牟"字被假借来表示牟取一类意思，或表示义为大麦的"麰"、眸子的"眸"等同音词。我们的祖先就发挥他们非凡的想象力和创造力，在"牟"字左边加一个"口"，分化出"哞"字，来表示"牟"的本义——牛叫。

又比如"特"字，它在一开始出现的时候跟特别这类意思毫无关系，它的本义就是公牛，"特别"是它的假借义。

接下来我们谈谈猪，猪在古文字里通常用"豕"字表示，"豕"字的外形就像一头猪，在早期甲骨文里是横着写的，象形程度很高。后来，为了适应直行书写的习惯，作了90°旋转。"猪"的繁体字"豬"也是从"豕"旁的。

猪有家猪、野猪之分，上古先民们特意造了"豪"字表示野猪，在"豕"的颈部加上毫毛之形，表示野猪的鬣毛。

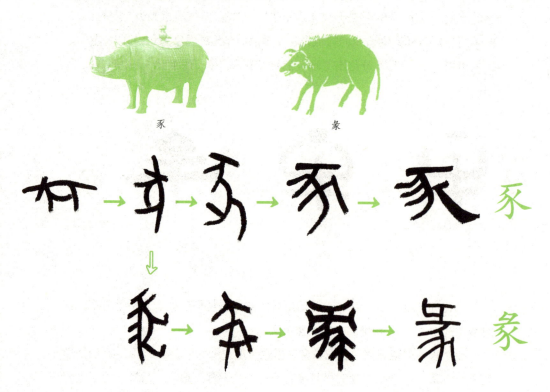

豕

豪

　　野猪是先民们重要的狩猎对象，我们在清宫剧中看到的骑猎在上古时代是不普遍的。普通人一般只能徒步打猎，人追着野猪等猎物跑，形诸文字，就是"逐"字。"逐"字的甲骨文字形就像一只脚追在豕后面跑一样，十分形象。"止"就是人脚的象形，一般跟行走有关的字都从"止"旁，后来独立或与"彳"旁组合在一起演变成我们现在所看到的"辶"旁。

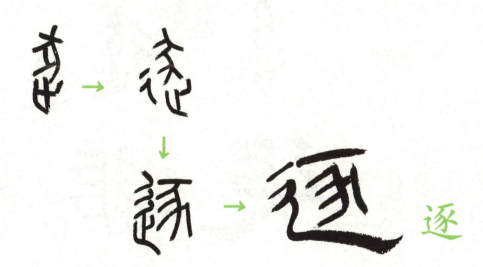

逐

在甲骨文里，说到追逐野兽，一般用"逐"，比如"逐鹿""逐豕"等等；而说到追逐人，就用"追"，"追"的甲骨文字形像一只脚追着"𠂤"跑，"𠂤"在甲骨文里通常表示军队意义的"师"，本来读作 duī，所以"追"字的"𠂤"旁既是声旁也有表意的作用。

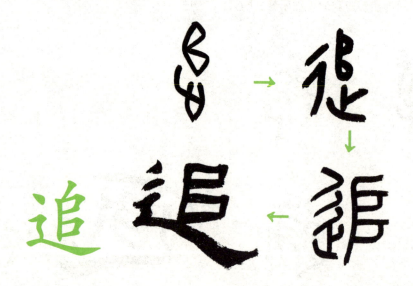

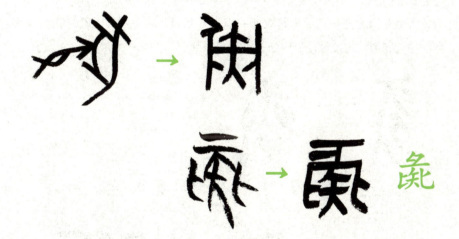

　　"追"的本义是追人，"逐"的本义是追野兽，后来这两个字的用法渐渐混同，它们造字之初的意义区别已经不为人知了。

　　追上了猎物，就要把它制服，在生产条件落后的上古时代，人们一般用箭作为狩猎的武器，"彘"字便表示"射豕"。"彘"字的甲骨文字形就像一支箭射到豕的腹部，非常生动形象，它下面的"矢"就是这样来的。

猎到的豕除了作祭品以外，就是供人们享用的了。猪肉在上古时代可不像现在那么普遍，随便就可以吃到，所以先民们认为猪肉是非常鲜美的佳肴，还为它专门造了一个字，这就是"豚"。"豚"字甲骨文在"豕"的腹部加注了"肉"旁，大概是因为先民们认为猪腹部的肉最好吃吧。猪腹部的肉就是我们今天所吃的五花肉，据说最佳的做法是红烧或烘烤。

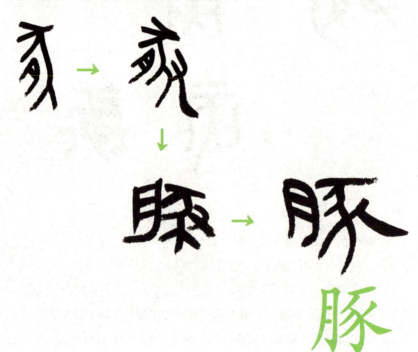

我们的祖先凭借他们的勤劳和智慧，把野生的动物驯化为家畜，供人类食用，这个过程中很重要的一环就是把它们的活动范围固定下来，使它们改变生活习性。固定活动范围就是圈养，圈养需要栏圈，古文字里用像栏圈之形的偏旁把"牛""羊""马"等字圈起来，表示圈养的意思，这就是"牢"。后来，里面从"牛"的字形保留下来了，从"羊"的字形作为异体字并入了从"牛"的"牢"，从"马"的字形则是马厩的"厩"的表意初文。

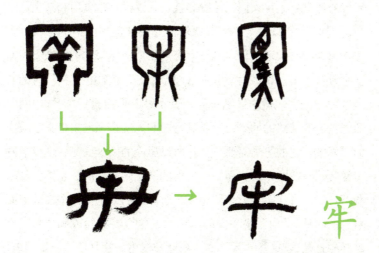

猪、牛、羊作为重要的肉食之源，它们对人类生存发展的意义早在数千年前就已经被我们的祖先意识到了，于是才有了这么多以这几种家畜为中心的汉字。

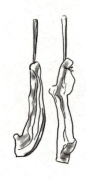

无肉不欢

在均衡的饮食结构中，肉类是不可或缺的，时下不少人在饭桌上无肉不欢。我们的祖先很久以前就已经开始食用动物的肉了。原始时期，人们食用的肉主要源于打猎的战利品，随着文明时代的逐渐到来，人们开始圈养牲畜，以供日常食用和祭祀。

"肉"字的古文字字形就像一大块挂起来的肉的形状。它在作偏旁的时候字形和"月"字有点相似，尽管它们的来源相差了十万八千里。人们为了区别这两个偏旁，往往在"肉"旁的右上方加上一个短撇作区别符号。就小篆字形而言，"肉"中间的两笔是肉的纹路的抽象，所以是弯曲的。从篆书向隶楷文字演变的过程中，它的笔画需要拉直，所以里面的两个曲笔就变成了两个像"人"一样的东西。而"月"里面的两笔则是直的。正因为"肉"和"月"的古文字字形如此接近，所以人们为了提高书写效率而草写的时候，"肉"字中间的两个曲笔很容易被写成和"月"字一样的直笔，就这样，"月""肉"渐渐被混用。在某些情况下，"肉"甚至被"月"代替，经过漫长的历史，这些讹变的字形就以约定俗成的方式固定下来了。我们现在很多"月"旁的字，实际上是

"肉"旁的，比如表示人体器官的肠、胃、肝、胆之类的字。

肉

右手拿着一块肉，就是"有"。

有

把一块肉放在火上面烤，就是炙烤的"炙"字。

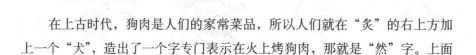

在上古时代，狗肉是人们的家常菜品，所以人们就在"炙"的右上方加上一个"犬"，造出了一个字专门表示在火上烤狗肉，那就是"然"字。上面

的"犬"表示火上烤的肉是狗肉。下面的"灬"是从古文字的"火"演变而来的，古文字的"火"旁在隶变之后衍生出了好几种写法。

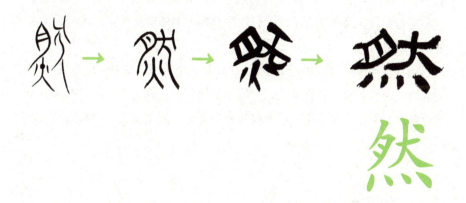

"然"是"燃"的初文，"燃"是"然"的后起分化字。像这样在本字上加表意偏旁分化出新字来表示本义的做法，是文字发展的过程中一个十分普遍的现象。加偏旁虽然有增加笔画使字形繁化从而降低书写效率的缺点，但也有区分用途的优点。南北朝时期的大文学家庾信有一篇著名的文章叫《哀江南赋》，里面有这样几句话："五十年中，江表无事……岂知山岳闇然，江湖潜沸。渔阳有闾左戍卒，离石有将兵都尉。"其中的"闇然"是暗中燃烧的意思，古人还为此特别加上注释，就是因为怕不明真相的后人把"闇然"误解成了黯然销魂的"黯然"。如果"然""燃"分化为两个字，那就不用费事作解释了。

想必大家都吃过美味的"木樨肉"，经常有店家把生僻且语音发生了变化的"樨"字改成常用字"须"。同样的道理，在汉字系统里，有的词在使用中会发生音变，在这种情况下，人们往往会找一个能够反映实际读音的字来代替原来所用的字。

再谈谈奖励的"奖"字，下面是犬，上面是一个人手里拿着一块肉，所以"奖"的意思就是给狗扔一块肉骨头，不能太当回事的。现代文史大家朱东润先生曾经拿这个字来告诫学生，不要被各种眼花缭乱的奖动摇求取真知的初衷和决心。

但爱鲈鱼美

　　我们的祖先在五六万年前就开始捕食鱼类了，松花江畔的"安图人"洞穴遗址里发现了原始的捕鱼工具，在其他一些新石器时代遗址中也发现了骨制鱼钩和网坠等遗物。新石器时代的陶罐往往以鱼纹作为装饰。

鱼纹陶罐

骨制鱼钩

"鱼"字是一个象形字，它的甲骨文字形象形程度非常高。看着这个字形，我们不难联想到一条肥硕的鱼在水里悠游无碍的景象，鱼头、鱼尾、鱼鳞、鱼鳍都表现出来了，栩栩如生。甲骨文字形的稳定性不高，某些字有时候会被不定向地旋转，"鱼"字便是这样一个字。后来，鱼头向上的字形被保留下来了，其他方向的字形渐渐被淘汰了。到了春秋战国时期，鱼头的部分开始讹变为"刀"形，鱼尾则变成了"火"形。隶变以后，很多字的"火"旁都被写成"灬"，这个演化过程的结果，就是我们今天所写的"鱼"的繁体"魚"。

著名画家陈永锵先生画鱼

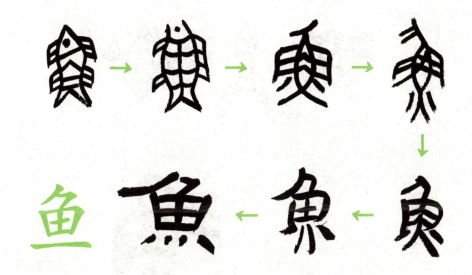

　　鱼肉的鲜美人尽皆知，古人造了一个"鱻"字表示鱼的鲜味，这个字就是新鲜的"鲜"的本字。

　　鱼有鲜味，所以人们爱吃，要吃鱼就得捕鱼，表示捕鱼之意的字就是"渔"。"渔"字的古文字字形不止一种，除了有"水"旁的还有"又"旁或"廾"旁的。"又"是"右"的表意初文，"廾"表示双手，这明确地表示"渔"就是手抓着鱼。

渔

　　古人捕鱼的主要工具是网，"网"字也是一个象形字，它像张开的渔网，里面交叉的斜笔表示网的纹路。后来，人们为了表音的需要，在里面加上声符"亡"，相应地，又在左边添加一个意符"糸"，表示网是用丝织成的。经过隶变，就成了繁体的"網"。建国后，汉字大规模简化，于是又把"網"重新简化为"网"。

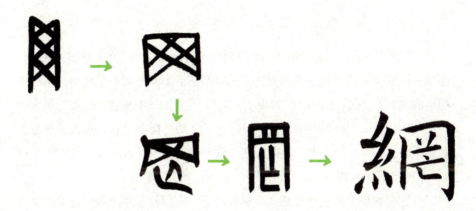

　　很多与用网捕捉这个意思相关的字也是以"网"为形旁的，比如犯罪的"罪"字，从它的古文字字形可以看出，上部就是"网"字，下部的"非"字是它的声旁。"非"没有表意功能，并不像一些人说的"非"表示非法行为。"罪"的本义也是一种捕鱼的网。

雪寒难得啖膻腥

　　《红楼梦》第四十九与第五十回写到大观园群芳在芦雪庵赏新雪、烤鹿肉，脂粉香娃割肉啖腥之后争联即景诗，大家都笑话史湘云对句敏捷"都是那块鹿肉的功劳"。玩笑自是玩笑，但也不无道理，数九寒冬吃鹿肉确实益处不少。传统中医认为，鹿肉属纯阳之物，补肾益气之功为肉类之首，对人体的血液循环系统、神经系统有着极佳的温煦、调节作用，因此古人以寒冬大雪中得啖鹿肉为难得的乐事。

　　我国猎食鹿的历史十分悠久，早在西周，人们就已经品尝到鹿肉的美味了。《诗经·召南·野有死麕》向我们讲述了一个纯真而朴素的爱情故事：英俊的男子以刚猎获的一头鹿作为信物向女子示爱，情欲萌动的女子感受到男子的绵绵情意，含羞应允。我们现在求婚都以钻戒、珠玉为信物，而《诗经》所描写的这位男子却用鹿肉博得了心仪女子的芳心，这说明鹿肉在生产条件并不发达的上古时代确是难得的珍馐。

著名画家邬邦先生画鹿

　　"鹿"字见于甲骨文、金文等古文字资料，它的甲骨文字形像鹿有四足、头有双角之形，有时写成双脚向下的形体，有时又写成双脚向一侧的形体。我们看到甲骨文里的"鹿"字，不难想到一头体格健壮的鹿在苍莽的丛林中健步如飞的情景，当然也会想到寒冬大雪的日子里盘中可口的鹿肉。不过，到了战国时代，"鹿"字渐渐变得不那么象形了，头上双角之形渐渐简化为一个角。

醉随姮娥到月宫

　　"小兔子乖乖，把门儿开开……"
我们从小就从各种儿歌、童话里接触到
兔子机智可爱的正面形象，其实在我国
源远流长的文化传统里，上到月宫有玉
兔，中到十二生肖有卯兔，下到地里有
狡兔，各种形象不一而足。兔子在《诗经》
里的形象并不美好，被称为"狡兔"。唐
代以后，兔子的形象就好多了，唐人王建写有一首《小白兔》诗："新秋白兔
大于拳，红耳霜毛趁草眠。天子不教人射击，玉鞭遮到马蹄前。"讲的是人们
对可爱的小兔不忍猎杀，连皇帝也发出了保护小动物的诏令，这可能是我国
最高统治者颁布的最早的猎杀野生动物禁令了。

　　"兔"字的甲骨文字形就是兔子的象形，作长耳撅尾状，一眼看去，就
像一只可爱机警的野兔在广袤无垠的原野上撒腿狂奔。跟其他象物字一样，
"兔"字的甲骨文字形的方向也是不确定的，时而四脚向下，时而因竖行书写
的需要把字竖起来，四脚朝左或朝右。

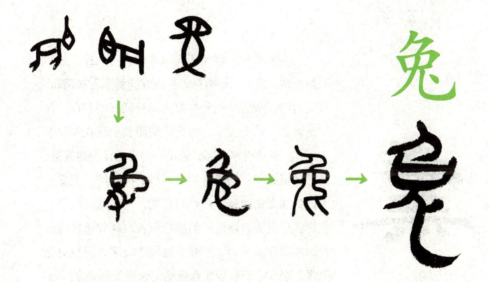

　　兔肉可口，人尽皆知。宋代大文豪苏轼称赞兔肉为"肉中之王，食品之上味"。在日本，兔肉被称为"美容肉"，广受欢迎。

浓汤鲜美说"羹"

同一种食材，做法不同口感也大不一样，煎炸外酥里嫩，清蒸淡而有味，而做成汤羹则五味调和，鲜美内渗。我们的祖先在很久以前就开始制作、食用汤羹了，只不过上古时代的羹跟我们现在喝的不太一样。当时被称为"羹"的是一种带汤汁的肉或菜，人们还根据制作汤羹所用食材种类的不同，把羹分为肉羹和菜羹两种。在西周时期，周王常常以羹为礼物赏赐近臣。做臣子的感恩戴德，往往通过铸造青铜器来表示荣幸，并在上面铸下文字，记载蒙受恩赐之事，让子孙后代永远铭记这无上的荣光。

我们现在把"羹"字写作上"羔"下"美"，很多人就以为"羹"字的本义是用"羔""美"会意，表示肉的味道鲜美。虽然羊肉在古代食用肉类中占有相当大的比重，而"羔"所表示的小羊肉又是羊肉中最为鲜嫩可口的，但是通过这种联想来解释并不正确。早期隶书中的"羹"字清楚地告诉我们，它的下部并非"美"，而是"羔"，为什么呢？事实上，"羹"字的古文字字形是上"羔"、中像鼎鬲一类烹煮器、下"火"，表示用火烹煮鼎鬲之类容器中的羊羔，从羊羹、肉羹的角度来表意。关于中间像鼎鬲的部分，前面谈"粥"字的时候已经提过，这其实就是《说文解字》中的"鬲"部，左右两个"弓"是容器器壁的象形。大约在稍晚一些时候，"羹"字中间鼎鬲的底部和下部的"火"粘并在一起，而与左右两个后来被写作"弓"形的曲笔分离了。鬲底和"火"合并后的形态与上部的"羔"形有点相似，在类化作用下，下部也慢慢

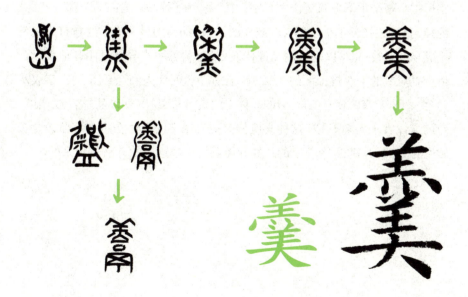

地变成与上部一样的"羔"形了。我们前面讲"然"字的时候曾经讲到"灬"形其实就是"火"字,"羔"字底部的"灬"在古文字中也是被写作"火"的。这样一来,"羔"字和"美"字的形体就非常接近以至于极容易混淆了,于是,"羹"字下部的"羔"就渐渐地讹变成"美"了,两旁的"弓"形被简省掉之后就变成我们现在所写的"羹"形了。

　　羹又产生了一些异体,把像鼎鬲底部之形的部分和下面的"火"字合并起来的部分有时被改成"皿"旁或"鬲"旁。后来,下部变为"鬲"旁的一类字形被小篆继承下来了,《说文解字》中"羹"字就被编排在"鬻"部。要注意的是,这种改换并不是字形自然演变的结果,而是用另一成字的意符来代替不成字的意符,也可以说是用义符替换形符。另外一类异体是用其他表示具体烹煮对象的字改换上面的"羔"字,比如上古时代人们经常用"采"字表示"菜",所以"羹"就有"采"旁的异体专门表示菜羹。又如以从"鸟"或"隹"旁的异体表示鸟羹等等。这种改换偏旁造专用字的方法在古文字阶段是很常见的,前面讲到的"牢"字的几种异体也是通过这样的方法造出来的。

樽中有酒，富足是福

　　"酒"和"酉"这两个字的古音很接近，"酉"字的古文字字形像酿酒或盛酒的圆底容器——尊，口、颈、腹俱全，十分形象。古文字常常把"酒"写作"酉"，后者可以看作是前者的本字。后来为了表意明确，给"酉"字加上"水"旁表示酒。因此，"酒"是"酉"的一个后起分化字。以"酉"为表意偏旁的字，意义大都与酒有关。

　　"尊"字下面原来并不是"寸"，而是两只手形，上面则是"酉"。因而，"尊"的本义就是双手捧着一尊酒向神灵、祖先进献，是一项祭祀仪式的形象反映。祭祀神灵或祖先必须尊敬他们，所以从"尊"字的本义引申出了尊敬的意思。在古文字中，表示右手形状的"又"旁常常因形近而与"寸"旁互讹，"尊"字下部本应由表示两手"𦥑（廾）"简化为表示一只右手的"彐（又）"，后来，"又"形讹变为"寸"形。

青铜尊

酉 → 酉 → 酉 → 酉 → 酉　酉

酋 → 薁 → 薁 → 薁 → 尊 → 尊

↓

→ 酒 → 酒　尊

在古书中，幸福的"福"和富裕的"富"很多时候都是互通的，在这些情况下，它们是同义词。这两个同义字的结构也有相似的地方，它们都以"畐"为偏旁。

"福"字在甲骨文中出现得非常频繁，左右偏旁可以对调，"示"表示祖先的神主牌，另一个偏旁就是我们在上面已经谈到过的"酉"——酒樽的象形，所以"福"字的本义就是把一樽酒供在神主牌的前面，祈求祖先保佑，也就是"祈祷、祝祷"的意思。祭祀总要有肉，由"祈祷、祝祷"的意义引申出去，"福"字也就有了"祭祀用的酒肉"这个意思，上古时代人们在祭祀活动结束后分送酒肉的行为就叫"致福"。现在常常听到老人们说"能吃是福"，看来也不是没有道理的呢！"福"字本来就是有酒有肉的意思。有些金文的"福"字把"酉"中间的两横变成交叉状或十字状，于是就出现了一个"田"形，这仍然是酒樽的形象。这时，"福"字的意义已由"祝祷"和"祭祀用的酒肉"引申为福佑、降福一类意思。

有时候，人们在"福"字上加注一个声符"北"，既以"畐"为声符，也以"北"为声符。像这样有两个声旁的字被文字学家称为两声字，这类字在汉字中占的比例很小。

　　和"福"字情况相近的是"富"字，目前，文字学家们还没有从甲骨文中发现这个字，我们能看到的较早的"富"字是战国玺印里的文字。外面的半包围结构像一间屋子的外形，里面就是我们上面讲到的"酉"（"酒"），所以它的意思就是屋子里放着一樽酒。在古人的观念里，这就算是"富"了。三国时代的孔融非常热情好客，他常常说："座上客常满，樽中酒不空，吾无忧矣。"意思是说经常有人来做客，酒樽里一直有酒，他就没有可担忧的事了。

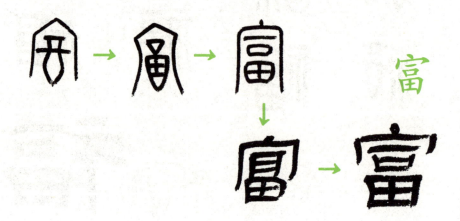

此间佳酿原非酒

　　醋是一种液体调味品，味酸，多用米或高粱发酵制成，山西的老陈醋、镇江的香醋都非常著名。传说酒圣杜康的儿子黑塔学会酿酒技术后，有一天，他喝醉了，呼呼大睡，梦中受一位仙人指点，往酒糟中加入水，经过二十一日，将在酉时酿成调味琼浆，因为"二十一日酉"合起来就是一个"醋"字，因而酿成的酸汁便叫醋。这就是"杜康酿酒儿造醋"的故事。

　　传说归传说，事实上，醋的本义并不是指调味料，而是指古代的宴饮场合中宾客以酒回敬主人。在宴会开始的时候，主人给客人敬酒，叫"献"；客人把主人敬的酒喝完了之后就要主动给主人回敬一杯酒，叫"醋"；主人喝完宾客敬上的酒，又要对宾客表示感谢，再敬一杯酒，这就叫"酬"。表示调味料的"醋"是一个假借字，是借"酬醋"的"醋"字来表示这个词的。上面提到的"二十一日酉"这个结构其实是隶变以后才出现的。"昔"字的小篆和更早的古文字字形都跟"二十一日"没有关系，从字形上，我们就可以判断这个关于醋的起源的故事是很晚才被编造出来的，醋作为调味料进入人们的日常生活远远早于这个故事。

醋

醋

醋是酸的，所以它有酸楚一类的引申义。唐代开国宰相房玄龄善于计谋，屡建奇功，太宗要赏赐女人给他作小妾，他不敢要，说要问过家里的夫人。太宗生气地说："满朝文武哪个不是三妻四妾，多一个小妾有什么大不了的？"过了几天，太宗宴请近臣，把房玄龄夫人也请来了，席间，太宗问她："朕赏赐妾侍给房玄龄，你为什么不同意呢？"夫人说："国事自然是你们说了算，家事总得听我的吧？"太宗又问："那天子赏赐功臣是国事还是家事？"夫人低头沉默了一下，接着说："有我无她，有她无我！"太宗生气地命令近侍取来毒酒一杯，厉声道："那么，请饮下这杯毒酒。"夫人义无反顾一饮而尽，房玄龄想拦也拦不住，只能暗自叫苦。半晌，太宗问房夫人："毒酒味道如何？"夫人满腹狐疑地答道："跟我家里酿的醋味道差不多。"群臣忍俊不禁，太宗说："你以后再遇到这样的事，就去喝一杯醋吧！"这件事越传越远，终于家喻户晓，后来，人们就以"吃醋"作为妒忌的代称了。现在有些历史题材电视剧把这个故事的主人公替换成了魏征，实无根据。

垂涎三尺

　　大家一定都还记得欧阳修在《醉翁亭记》里描述的宴飨场景：洌酒肥鱼，山肴野蔌，杂然前陈。读到这里想必垂涎三尺了吧！话说大家有没有想过，这"涎"字到底为什么表示唾液呢？

　　原来，表示唾液、口水的"涎"字有着很古老的来源呢！古文字中有个"次"字，它的甲骨文字形"𣢧"像一个人流口水的样子，意思是看到好吃的东西想吃但暂时无法吃到，因而分泌出唾液，后来又引申出水满溢出的意思。"次"字一般就表示这种引申义，商王常常卜问河水是否会满涨而影响河谷平原的生产生活环境。"次"字后世分化成两个字："羡"和"涎"。"羡"字表示贪慕、想得到的意思，而"涎"字则表示口水，这两个字分别表示的意义一直沿用到现在。但在中古时代，"次""羡""涎"这几个字的职能还没有完全分化，经常被混用。东晋文学家郭璞有一篇文章叫《江赋》，其中有一句"扬鳍掉尾，喷浪飞羡"，讲的是鱼在江中畅游，舞动着鱼鳍和鱼尾，嘴里吞吐浪花，使得满涨的江水也随之飞舞起来，当时有些版本把"羡"写作"涎"。"次"字水多漫出的意思在稍晚一些的文言中专用"羡"字来表示，表示这个意义的"羡"字又与"衍"字相通。当然，"羡"字水满溢出的意义现在已经不用了。

　　这种由一个母字分化出几个后起字来分担它的若干职能的现象在汉字发展的历史上也是非常常见的，我们要知道的是，文字分化有成功的也有不成功的。有些分化字慢慢取代了母字而成功成为通行的正字，上面所讲的"羡""涎"两个字就是一个例子；有些分化字则始终没有通行，有些分化字后来又并入了母字。

　　可见，"涎"表示口水这个意思有着非常古老而曲折的来源。

丰子恺先生画《垂涎》

吃喝百态

前面讲了那么多食材，也了解了它们是如何变成我们的盘中餐的，接下来是不是应该开吃了呢？吃货们，走起啦！让我们一起去揭开汉字里关于吃喝百态的秘密吧！

篮是古代常用的一种盛食物的容器

在我国南方的一些方言区，人们往往用"食"代替"吃"，这其实是"食"字的一个引申义，那么它的本义是什么呢？你一定没有猜错，那就是食物了。"食"字的甲骨文字形就像盛在篮里面的食物。篮是古代常用的一种盛食物的容器，上面的"△"像篮盖，下面的"♉"像篮腹和篮足，中间一小横就是装在篮里面的食物了。"篮"字中间的"皀"就是由"♉"形讹变而来的。表示食物的"食"后来引申出饮食、喂食的意思，人们为了减少"食"字的职能，便在它的右边加注一个音符"司"成为"饲"，来表示喂食的意思。在现代汉语中，"饲"的对象一般是动物，但在古代汉语里，"饲"也可以用于人。它还有一个异体"飤"专门用来表示用于人的"饲"。

在上古时代，人们都是跪坐在地上吃饭的，那是因为上古时代的案都很低，我们现在常见的高桌在宋代以后才被广泛使用，古文字里的"♭（卩）"就是跪坐的人的象形。坐下来把簋盖掀开，准备吃饭，就是"即"。

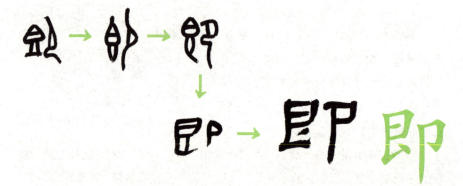

　　所以，掀开盖子的簋两边各跪坐着一个人，就表示两人相向而食，这就是"卿"字，不过表示这个意思的"卿"，后来都被写作"飨"了。"卿"后来用来表示卿大夫的"卿"，用的并不是它的本义。

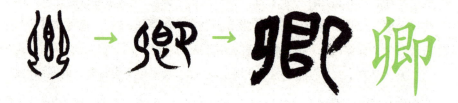

　　"卿"在甲骨文、金文中还常常被借来表示方向的"向"，当"卿"字分化出"鄉"字之后，方向的"向"就改用"鄉"来表示了。后人又造了"嚮"字专门用来表示方向的"向"，这个字现在已经合并到"向"字了。其实，方向的"向"的本字应该是像二人相向之形的会意字"𬮟"。从语言学的角度看，"飨""乡"以及在《说文解字》里被解释为向北开的窗的"向"，都是由方向的"向"派生出来的词。而关于"向"字的本义，虽然现在没有办法论定，但我们从它的篆文字形也许可以发现点什么，口在屋中可能表示在屋子里用口发出声音产生回响——它很可能就是"响"的表意初文，文字学家们在一些出土资料里也发现了用"向"表示"响"的例子。

　　上面谈到"即"是人坐下来面对着盛有食物的簋准备开饭，现在很多人分不清"即"和"既"两个字，甚至有人会把"即使"写成"既使"。其实它们本来表示的意思恰好是相反的，"既"的左边跟"即"一样，是装有食物的簋，右边的跪坐人形上端多了一个不向食物的口，看着这个字形，不难想象人吃饱了转过头来傲娇地撇一撇嘴准备离开的情景。所以"既"的本义就是已经吃饱饭了，之后引申为"已经"的意思。

　　仅仅表示"吃饱"这个意思的，另有一个"猒"字，它的字形是用狗（犬）吃肉（月）来会餍饱的意思，这就是"餍"的表意初文。厌嫌等义是餍饱这一本义的引申义，含有这些意思的"餍"后来一般借"厌"字来表示了。为了减少"厌"字的职能，人们便在它下面加上"食"旁，分化出"餍"字来

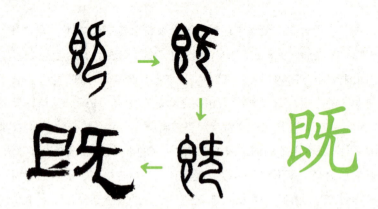

表示"猒"的本义，而厌嫌一类意思仍然借"厌"字来表示。"厌"字的繁体"厭"跟厌嫌之类的意义并没有什么关系，它的本义是压迫，表示这一意义的"厭"字被后人加注了意符"土"作"壓"，简化为"压"。

古人的吃喝百态是不是很有趣呢？

讲了这么多吃吃喝喝的，都把"吃"给忘了，最后我们一起来谈谈"吃"吧！

我们今天所用的"吃"字，其实是合并了两个不同来源的字的，其中一个是"吃"，另一个是"喫"。两个字有什么不一样呢？

"吃"的意思是说话有困难，也就是口吃；"喫"则是进食的意思。这两个字在汉字简化中被合并到一起，也就是"喫"的职能为"吃"所担负了，"喫"就没有必要存在了。现在有些人在使用繁体字的时候经常不注意它们的发展源流，以致出现种种用字不当的现象。

口体之奉

　　了解了跟古人进食情景相关的几个字之后，我们再一起来看看几个表示跟饮食行为关系比较密切的人体器官的字。

　　说到吃，自然离不开口，"口"字的古文字字形就像嘴巴张大之形。

　　在"口"字上面加一小横表示口向外的动作，这就是"曰"，其本义是人嘴出声气，即说话。这跟本义为牛叫的"牟"字古文字的表意是一致的。后来，作为指事符号的小横的位置和形状略有讹变，渐渐与左右两竖笔贴合而成我们今天所写的形体。

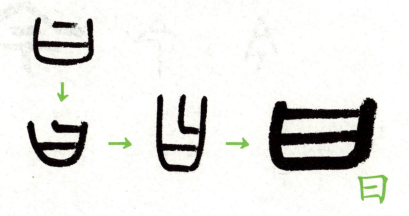

曰

把"曰"字较早的古文字字形倒过来，就是"今"字。上古时代造字的人通过倒文的方法，造出与被倒写文字意义相反的文字。"今"的本义与"曰"的本义恰好是相反的，表示闭口的意思。在更早一些时候，也有把"口"字倒写成"今"字的，不仅表示闭口的意思，而且还借用为今天的"今"。后来为了表意更加明确，就把表示开口出气的"曰"字倒过来写了，这就是表示闭口的"吟"的初文。要提醒大家注意的是，这跟吟诗的"吟"的联系还不是很明确，它们之间到底是什么关系，还有待发现更多的语言材料去证明。

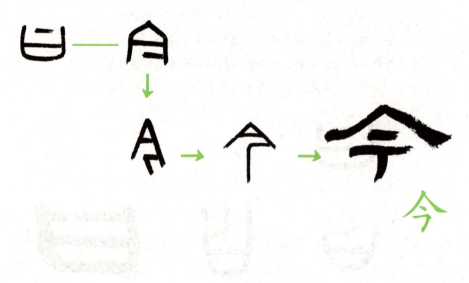

　　跟"曰"字本义相近的还有"去"字。"去"的甲骨文字形是上"大"下"口"，这个字形非常直观地表示张大嘴巴的意思。后来"去"字被借用为来去的"去"，有时候为了表意明确，人们还给它加上表示行走一类意义的"止"旁、"彳"旁或者两个偏旁合体而成的"辵"旁（现在写作"辶"），而"去"字的本义则另造了一个"呿"字来专门表示，不过这个"呿"字现在已经不大使用了。

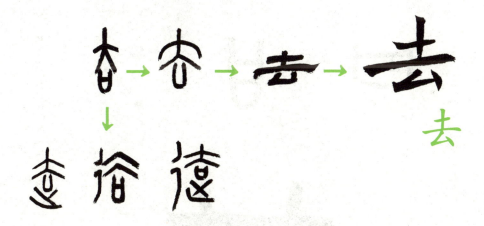

　　讲了半天开口闭口的，接下来就要谈到吃东西了。口中含一块东西，就是"甘"字，不过，"甘"字的造字本义并不是味道甘甜，而是"含"字的表意初文。甘美的食物是人喜欢含的东西，所以由语言中"含"这个词派生出了"甘"这个字，用来表示语言中"甘"这个词，"甘"字这才有了甘甜鲜美的意思。在"甘"字的甘甜意思被普遍接受并频繁使用之后，人们造"函"字表示"包含"。不久之后，"含"字被造出来了。"函"字借来表示"含"的职能被"含"字部分地分担了。这也就是说，"函"字的这种假借用法仍然被部分地保存了下来，在现代汉语里，"函"字依然有包含的意思。

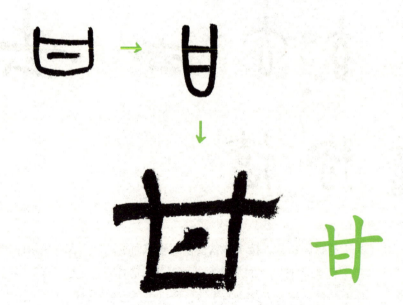

　　吃东西要用牙齿咬嚼，在古代，牙和齿是有区别的。牙特指臼齿同时也是牙齿的泛称；而齿特指门牙。这从它们的古文字字形就可以看出来了。"牙"字像上下大臼齿相错之形，而"齿"字则是在"口"形里面画上几颗门齿来表意，都非常形象。到了战国时代，"牙"字常常被借用来表示"与"，所以人们为了把它们区别开来，就在"牙"的下部加上了意符"齿"。"齿"字在战国时代的变化就是被添加了声符"之"。在秦代的隶书里，这个"之"形往往写得跟"止"字形近，后来两者慢慢地混同了，以致《说文解字》的正篆都是从"止"声的。这个讹形一直保留至今，人们几乎已经不知道"齿"的声旁其实应该是"之"。

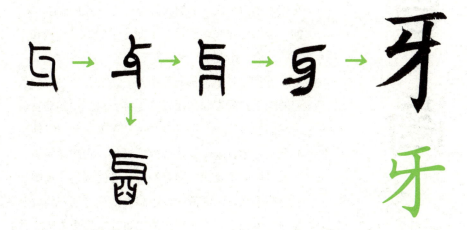

在古文字以及稍晚一些的古书里，人们常用"肴"字来表示吃的意思，这就是"肴"字的本义，菜肴一类的意思是它的引申义。至于它的结构，我们现在所写的上"乂"下"有"其实是在隶定的过程中发生讹变之后的形体。

肴

它的"原形"是上"爻"下"肉"。"爻"是它的声旁，表示读音；"肉"是它的形旁，指示意义。古人在把篆字写定成隶书的时候把"爻"字下部的"乂"的一个斜笔拉平，于是这个变形了的"又"便和下面的"肉"组成了一个"有"字。

我们之所以能够感觉到菜肴的美味，是因为我们的味觉神经在起作用，味觉神经最集中的器官就是我们的舌头了。甲骨文"舌"字就像从口里伸出的舌头之形，前端分岔似蛇舌之形，它的原始表意形象很可能不是人舌而是蛇舌，有时候还在周围加上一些小点表示唾液。善于思考的读者朋友们大概要问，为什么画舌头要把嘴巴也连带画出来呢？其

齿

实是这样的，有一些象物字所像的东西很难单独地画出来，或者是单独把它们画出来的话很容易跟其他字字形混淆，所以人们造字的时候就把某种与之相关的事物一并表示出来，这些相关的事物一般表示的是周围环境、所包含的东西或者所附着的主体等等，这些字被文字学家称为复杂象物字，前面讲到过的"瓜""果"等字也是如此。

舌

我们用舌头品尝世间百味，渐知酸甜苦辣各有佳处。"尝"字的本义就是品尝。"尝"繁体写作"嚐"，从字形构造的角度看，它属于形声字。显而易见，"尚"是它的声旁，无论古音还是今音，"尚"和"尝"的韵母都是一样的。"旨"为什么是形旁呢？原来，"旨"的本义是味道甘美，它的甲骨文字形是上"人"

下"口"，人的嘴巴所嗜好的就是甘美的食物。春秋战国时期，"旨"字上部有时候被写作"千"，"千"其实也是从"人"字分化出来的一个字，下部的"口"形有时候在中间加上一小笔，繁化为"甘"，这种变化在古文字演变中是一种常见现象。"尝"的本义是尝味，又引申为曾经一类意思。在古代有一段时间里，"尝"和"常"两个字被混用，这种情形明清以来才渐渐不再出现。在港台地区所用的繁体汉字中，"尝"写作"嚐"，这个字其实是通过添加意符所造的表示本义的分化字，通行的时间比较晚，最早不早于清代康熙年间。

食物吃下去了，就要在胃里消化，"胃"也是一个复杂象物字。它较早的古文字字形就是胃的象形，里面的小点表示吃下去待消化的食物，人们发现这个形状并不能很明确地表示"胃",于是在它下面加上了一个"肉"旁,表示人体器官。后来,人们为了书写的简便,把"胃"字上部的象形符号里面的小点简省掉了,变成了像"田"字一样的形体,我们要知道,这个形体跟"田"字并不是一回事。在汉字里,有些看起来相近或相同的形体往往有着不同的来源,表示不同的意义,我们要注意分辨。

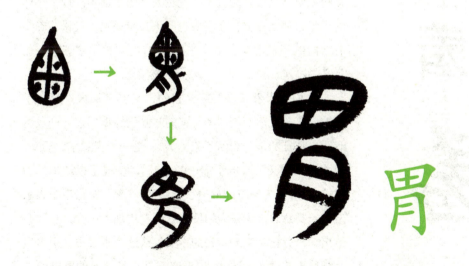

羊
↓
羊
↓
羞
↓
羞
羞

美食赠君

俗话说"独食难肥"，有好吃的一定要和小伙伴们分享才对。以美味的食物为礼物赠送给他人的做法自古就有，上古时代男子向女子求爱以鹿肉为信物、周王以羹为礼物赏赐近臣就是很好的例子。既然人们的生活中出现了这样的行为，那么在语言文字中也应该有所反映。没错，确实有专门的字来记录表示这些行为的词。"饴"字表示一般意义的赠送食物，"羞"字表示进献食物。

我们先来看"羞"字，它的古文字字形像一只右手拿着一头羊（前面谈"羊"字的时候已经提到过，一般用有明显特征的羊头表示"羊"字），是一个表意字。后来，像手形的"又"改成了形近的"丑"，变成了以"羊"为意符、"丑"为声符的形声字。后来，"羞"被借用来表示羞耻一类意思，于是人们便在它的左边加上一个"食"旁造出一个分化字来表示它的本义，从这个本义中又引申出食物珍美的意义，这就是珍馐的"馐"所表示的意思了。

　　"饴"字的表意初文像一个人双手举着一个装有食物的簋类容器，会把食物送给别人的意思，引申为赠送，再引申为食用。饴糖的意思是比较晚近的时候才有的，在"饴"字的这个意思通用之后，表示赠送一类意思的职能就专由"贻"字承担了。在汉代以后的文字遗存中，我们看到的字形就如今天所写的左"食"右"台"了，成了以"食"为意符、"台"为音符的形声字。

　　这里要说明一下，"台"不是我们今天所写的讲台的"台"，而是讲台的"台"的一个同形字，读作yí，篆文字形是上"以"下"口"，是一个上声下形的形声字，本义是说话，在稍为晚近一些时候被借用来表示怡悦的"怡"。虽然读yí的"台"字现在已经不大使用了，但是很多以它为声旁的字依然保留着i韵母，除了"饴"字还有"怡""贻""冶""诒""冶"等。

以俎献肉

在上古时代,进献肉食要以专用的器具盛着,这种器具就是"且"或"俎",上古"且""俎"同字。甲骨文"且"字像中有横格的盛肉容器的俯视图,我们知道,甲骨文多是锲刻而成的,为了便于书刻,"且"字上端就被写成尖利的锐角形。金文"且"字基本上继承了甲骨文的字形,不过出现了新的异体,在原有的字形两旁加上"爿"形,"爿"形像献肉之器的侧视图,因而这个偏旁起了补充表意的作用。后来"爿"形右边的一竖笔和"且"左边的竖笔合

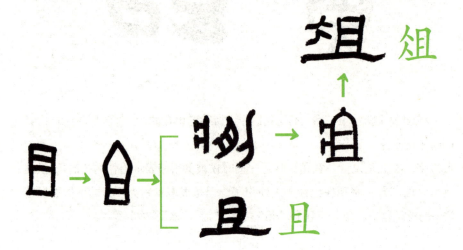

并为一笔，成为后世"俎"字的雏形，这种借笔现象在古文字中是很常见的，我们不妨把"俎"字看作"且"字的一个异体。"且"字被借用来表示"神祖""并且"这些意义之后，它的本义就渐渐被人们遗忘了。

在"且"上面放上肉，表示俎上之肴，就是"宜"字。可是到了战国以后，"宜"字的形体就开始发生各种各样的讹变，影响最大的一种讹形就是把"且"字的外框分离成"宀"和"一"，"肉"形讹写为"夕"形或"月"形，两个"夕"或"月"形渐渐省变为一个。后来讹为"月"的形体和下面的一横连接起来，又重新构成了"且"字，同时上面的"宀"旁也保留下来了，于是便有了现在我们所见到的字形。

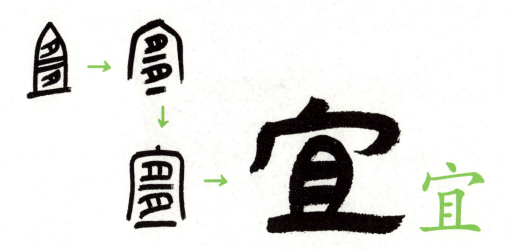

问"鼎"

我们常把炊煮和饮食的器具统称为锅碗瓢盆，其实这些器具都是比较晚才出现的，在更早的时候，人们用以炊煮、饮食的器具中，最常见的主要是鼎、鬲和豆等等，鬲和豆在前面都已经提到过了，这里就谈谈鼎吧。

"鼎"字的古文字字形像一个三足两耳的圆鼎，随着汉字在发展演变中象形程度不断降低，晚期甲骨文三足往往简化为两足，到西周春秋金文，"鼎"的两耳也渐渐被省略了。和鬲一样，它也是煮食盛食的器皿。跟鬲不一样的

三足两耳的鼎

是，鼎足实心而鬲足空心直通鬲腹。上古时代的饮食礼仪被打上了深深的等级印记，盛行于西周的"列鼎制度"就是一个清晰的侧影：天子、诸侯用九鼎，卿用七鼎，大夫用五鼎，士用三鼎或一鼎。鼎在上古时代还是一种礼器，相传大禹曾经在荆山下以九牧之金铸造了九个鼎，象征九州，并在鼎上铸上形容恐怖的怪兽形象，让人们警惕，防止被如这些怪兽一样恐怖可憎的势力伤害，这就是"禹铸九鼎"的故事。所以后来鼎从一般的炊煮饮食之器发展为传国重器，象征国家政权。春秋时期楚庄王北伐，向周天子询问九鼎的重量，大有夺周室之江山的意思，这就是意为野心膨胀的成语"问鼎中原"的出处。

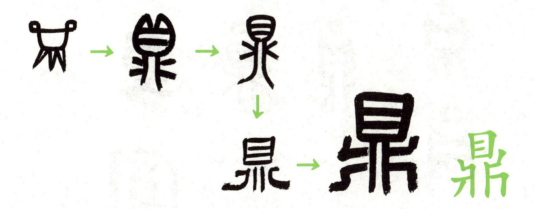

鼎绝大多数是圆口的，于是人们在"圆"的表意初文"○"下面加注一个"鼎"字，造出一个以"○"为声符、"鼎"为意符的形声字，以免与形体相近的"□"（"丁"或"方"）字混淆（为了便于锲刻，甲骨文"○"往往刻成"□"），仍表示语言中"圆"这个词。后来，上"○"下"鼎"的字形随着"鼎""贝"二字的字形相混而省变为"员"，在秦汉时代的简帛墨迹中常常可以看到以"员"表示"圆"这个词的情况。因为"员"字除了代替"○"外，还有别的一些职能，例如表示人员的"员"等，所以人们又在它的外边加上一个当时读音跟它有点接近的"囗（围）"旁，分化出了"圆"字。

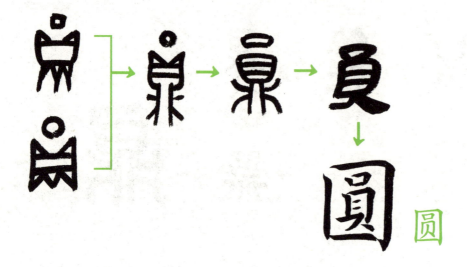

圆

起筷之间

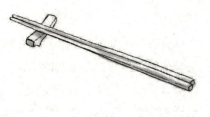

筷子在古代被称为"箸",唐代诗人李白的名篇《行路难》中就有一句"停杯投箸不能食",这个"箸"指的就是筷子。在粤语的一些分支方言中,还保留着这个词,只不过多数情况下被用作量词,比如"一箸"表示用筷子夹一次东西。

在隶书里,因为"艹"头和"竹"头经常混而不分,所以"箸"往往被写作"著",这样,"著"就成了"箸"的一个异体。这两个字的分工大概不早于战国时代,"箸"专门用来表示本义筷子,而"著"则被借用来表示显著、著作、附着等意义及其引申义。至此,作为异体字的"著"变成了用法与"箸"不同的字,于是它们由此分化为两个字,但要指出的是,在两个字的职能分化以后,仍然存在用"箸"表示"著"的情况。

从"箸"中独立出来的"著"字的字义按读音的不同大致可以分成三类:第一类读 zhù,如显著、著作等等;第二类读 zhuó,港台地区现行的繁体字把附着、着衣、着落的"着"写作"著";第三类读轻声 zhe。后两类的"著"现在都写作"着"了,其实"着"是从"箸"中独立出来的"著"的异体字。在汉魏六朝文字里,"艹"头往往草写,"日"又常常讹作"目"。在隋唐时代的通俗文字里已经出现了"着""著"职能分化的趋势，不过在文人的眼里，"着"是俗不可耐的，所以古代的字书一般都不收录它，尽管它已经被广泛地用于民间的各种文书。在现代汉语中，"着"字另有 zhāo、zháo 两个读音，这两个读音的"着"所表示的意义都是本来读 zhuó 的"著"字所表示的词的引申义。另外值得一提的是，土著的"著"字应该是附着的意思，土著就是长期附着在某片土地上的人，按理应该读 zhuó，但因为这个字并没有像其他读 zhuó 的"著"字一样改写成"着"，因而就被读成 zhù，我们应该知道它所表示的意义跟其他读 zhù 的"著"所表示的意义是不一样的。

　　"箸""著""着"几个字的纠葛所体现的异体字分工现象是汉字发展历程中的一种常见现象，由一字异体分化为不同职能的两个或两个以上的不同文字。

举杯同饮

　　宴飨少不了酒，所以接下来让我们一起来了解一下跟饮酒有关的一些汉字吧！

　　先说"饮"字，"饮"字的甲骨文字形就像一个人低下头，张开口伸出舌头喝酒樽里的酒。前面已经讲到过，"舌"字的古文字字形是"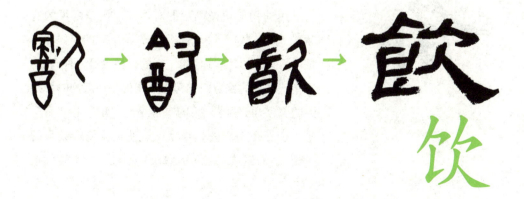"，所以"饮"字甲骨文字形中，像酒樽的"酉"字上面的"🔺"就像倒过来的舌头之形。这部分后来被改换成了形近的"今"字，充当声符，"饮"字便成了形声字。在汉代的隶书里，"饮"字原本的"酓"旁被替换为"食"旁，一再简化而成我们今天所写的字形。

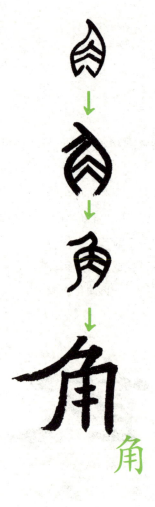

角

　　"饮"字古文字字形右边的"欠"旁就是一个人张大口的形象，它的本义就是人张嘴出气，清代的文字学家段玉裁认为就是打哈欠。单独的"欠"字比作为偏旁的"欠"字更为象形，下部是人形，上部是夸张地描绘出来的张大的口。

　　上古时代饮酒用的器具有相当一部分是用动物的角做的，所以给这些器具造专用字的时候就用"角"字作为它们的意符。"角"的甲骨文字形就像动物的角，金文"角"字开始被加上装饰性的笔画，使得字形的上部变成了像"刀"形一样的东西，这种字形一直保留下来，沿用至今。我们要知道，"角"字头上像"刀"形的东西跟"刀"是没有任何关系的。

　　用动物的角做的酒器有很多，比较常见的有"觞""觚""觥"等。"觞"字开始出现的时候并不是"角"旁的，而是"爵"旁的。爵也是一种酒器，用作"觞"的偏旁同样起表意作用。在战国时代楚国的文字里，"觞"字的字形是左"角"右"易"，是一个左形右声的形声字，这就是我们今天写的"觞"字的繁体"觴"的源头。不过，先秦时代很多以"觞"为声旁的字都没有上面的一撇一横，仅有"易"形，后来那一撇一横是受到以"犾"为意符、"易"为音符的"猵"字影响，在类化的作用下被"传染"而来的。至于"觚"字，也是一个左形右声的形声字，东汉的大学者许慎认为容量为三升的觯就叫觚。

既然已经提到"角"，我们不妨顺带谈一谈跟"角"有关的几个字。牛角抵人就是"触"，"触"字的甲骨文字形是上"角"下"牛"，表意非常明确，

后来到了战国晚期和秦代，字形被改为左"角"右"蜀"，字的构造方式也从会意变成了形声。

单支的兽角一般是弯向一边的，因而不平衡，而两只兽角则恰好平衡，这就是"衡"字的本义。"衡"字的古文字字形中部是上"角"下"矢"，作为它的意符，两边刚好构成一个"行"字作为它的声符。"矢"是偏侧的意思，它的古文字字形像人头侧向一边，后来写作"厌"。因而角矢也就是角歪向一边。作为声符的"行"之所以分布于字的两旁而不置于字的其他方位，大概也有出于表示字义的考虑。后来，"矢"旁在屡经传写的过程中慢慢地讹变为"大"，而拆开分布在两边的"行"保留了下来。

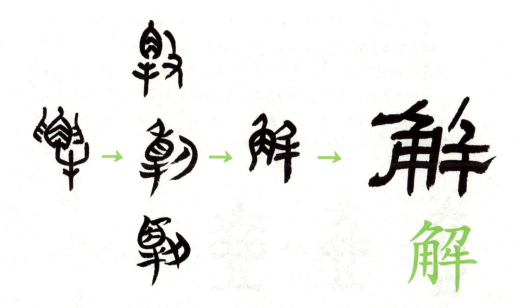

　　剖分牛角就是"解",甲骨文字形像人的双手拿着工具分解牛角,"角"字写在牛长角的位置,十分形象生动。到了西周以后,尤其是战国时代,"解"字滋生出了一些异体,有的带"殳"旁,有的带"刀"旁,还有的带"刃"旁。"殳""刀"都是利器,"刃"字是从刀字分化出来专指刀刃的。带"刀"旁的一种字形被保留下来,成为现代汉字"解"字字形的源头,其他两种就慢慢地消逝在历史的长河里了。

晋代大文学家陶渊明的名篇《归去来兮辞》中有一句"引壶觞以自酌"，其中的壶便是盛酒之器。甲骨文"壶"字象壶之形，上面有盖，盖上有纽，中部有收缩进去的腰，下部是凸出的大腹，底部是圈足。圈足器，就是指器底有一个圆形的圈来承托器身的器皿，这个圆形的圈就是圈足。后来，上部的壶盖之形先演变为"大"形，再变成"士"和"冖"的合体，下部只是线条渐渐变得平直了，没有什么太大的变化。

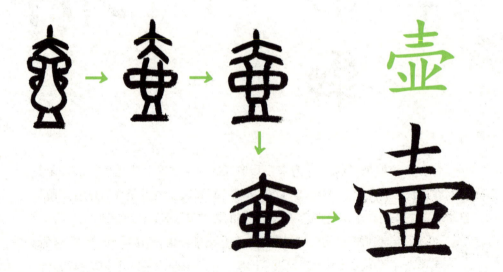

茗鼎烟浮竹外云

　　茶是一种传统的保健饮品，又被称为"香茗"，是中华民族对世界饮食文化的伟大贡献。中国有着源远流长、博大精深的茶文化，神农以茶解毒的传说流传久远，甘露道人吴理真于四川蒙顶山种植茶树成为最早的关于栽培茶叶的文献记载，唐代人陆羽所撰写的《茶经》是世界上最早、最完备的介绍茶的专著，被誉为"茶叶的百科全书"，北宋大书法家蔡襄的《茶录》在茶文化史上也有着深远的影响。

　　在很久很久以前，汉语里是没有茶叶的"茶"这个词的，它是怎么诞生的呢？原来是这样的，有一种苦菜叫作"荼"，恰好生茶叶的味道也是苦的，于是在人们的语言中，"荼"便派生出"茶"来称呼这种和"荼"一样苦的植物。"茶"这个词刚出现的时候，还是借用"荼"字来表示的。在唐代以后，"荼"字分化出两个字来表示"茶"，一个是"搽"字，另一个是"茶"字。后来，"茶"字把"搽"字排挤掉而成为通用的正字。

　　在这种文字分化现象中，分化字的读音跟它的母字是不同的。由此可见，这一类文字分化的一个重要目的就是减少多音多义字，通过造分化字承担母字部分职能的方式来减轻母字的负担，不然母字就太辛苦了。

汉字的前世今生

　　也许大家都曾经想过，汉字是什么时候开始产生的呢？它又是怎么产生的呢？仓颉造字的传说固然动人，但那并不是历史的真相。现代文字学的研究成果告诉我们，汉字的产生并不是一朝一夕的事情，它经历了一个相当漫长的过程。由于资料的缺乏，所以文字学家和考古学家们也无法精确地描绘这个过程，于是我们只能勾勒出一条粗糙的线索。

　　相当多的人被误导，以为最早出现的汉字是象形字，事实上却并非如此。为什么呢？因为在汉字产生以前，人们早就已经在用图画或符号来记事表意了。能用图画来表示的意思，人们似乎没有必要去造一个字来代替图画表意。需要造字来表示的，恰是那些没有办法用一般的象形图画来表示的具有某种程度抽象意义的词。当然，少数具体事物也很难用图画表示。没有办法用图画来表示，人们便不得不造字来记录语言中的词，在很长的一段时间里，文字和图画是混合使用的。

　　最早被造出来的汉字，大都是通过象征、联想造的表意字，比如用成年男子的形象表示"大"。很快，人们就发现有些无法造表意

大

隹字字形图与实物对照

字的词的读音跟某个已有的字的读音相同或相近，于是把已有的字借用来表示这些无法造表意字的词，这种现象叫假借。相信很多人在初学外语的时候都曾经用中文谐音的方法来记忆外语单词的读音，比如有人在 hair 旁边注上"黑啊"，这种谐音方式其实跟假借的原理是一样的。

假借的办法产生的最大问题就是一形多义。当然，机智的先人们总是能想出各种各样的办法来克服迎面而来的困难。为了解决假借带来的字义混淆问题，人们在假借字上加上指示字义的表意偏旁，造出专用的分化字。比如"隹"字是表示短尾巴鸟类的象形字，鸟喙、翅羽、尾羽俱全。在人们假借它来表示语气词之后，又给它添加一个指示假借意义的"口"旁，分化出"唯"字。一个表意字被多个同音词假借之后，自己的本义会变得模糊起来。为了指示本义，人们给这些字添加指示本义的偏旁。例如"止"的本义是脚趾，它被假借为"停止"之类意思之后，人们给它添加"足"旁，分化出"趾"字表示脚趾这个本义。聪明的读者们一定已经觉察到，用这种方法造出来的分化字都是形声字，其实这正是形声字产生的最重要的途径。

形声字出现以后，图画表意的方法逐渐被抛弃，字形逐渐被简化并固定下来，汉字的书写顺序变得与语序一致。至此，汉字体系的进化才算是完成了。我们所能看到的最古老的汉字甲骨文就已经是发展成熟、成体系的汉字了。

汉字的形体演变分为古文字阶段和今文字阶段，前者起自商代终于秦代，后者始于汉代延续至今。需要指出的是，战国晚期至西汉早期为两个阶段之间的过渡期，既使用属于今文字系统的隶书也使用属于古文字系统的篆书。

古文字阶段按照时间和汉字形体特征的差异，可以分为四类：商代文字、西周春秋文字、六国文字和秦系文字。由于汉字形体的演变是一个持续而缓慢的过程，所以几个类型之间并非界限分明。每一个时代早期的文字都与上一个时代末期的文字具有某些共同的特点，不易区分。

商代文字主要是甲骨文，甲骨文顾名思义就是刻在龟甲和动物(主要是牛)肩胛骨上的文字，其主要内容是商王和当时上层贵族的占卜记录。商代灭亡以后，这些有字的甲骨遂被历史的尘沙湮灭。清光绪二十五年(公元 1899 年)，时任国子监祭酒的王懿荣罹患疟疾，派人抓回一味叫"龙骨"的中药，意外地发现上面竟然刻有一些离奇古怪的符号，他对这批"龙骨"进行仔细的研究后发现，这就是几千年前的龟甲和兽骨。同时，他还在这些奇怪的刻画符号中辨识出了几位商王的名字，于是肯定这就是商代王室流出的刻有上古文字的甲骨。在王懿荣、罗振玉等一批学者的努力下，甲骨文的神秘面纱逐渐被揭开。甲骨文与西北汉简、敦煌文书、清代内府大档一起，被称为我国文献学史上的四大发现。

　　除了甲骨文以外，我们能看到的商代文字遗存还有金文、陶文和玉、石器上刻铸的文字。

甲骨文两片

　　在商代，人们在正式而隆重的场合使用的正规字体是金文，而日常使用的比较简便的字体是甲骨文，所以我们要特别注意甲骨文作为一种俗体字的特点。这一方面体现在甲骨文的字形常常被剧烈地简化，"车""于"等字便是鲜活的例子，可见汉字简化并不是解放以后才有的现象，在汉字发展的早期阶段，简化现象就已经比较普遍了。

另一方面，出于刻划便利的考虑，甲骨文的线条往往被拉直，这使得象形程度降低，甚至低于时代更晚一些的金文，甲骨文中的"日"字就常常经过这样的处理。

俗体的某些写法往往被正体吸收，或强烈地影响正体的演变，盲目排斥俗体字并非尊重文字发展内在逻辑的做法。

西周春秋文字主要是金文。与甲骨文主要是占卜记录不同，西周春秋金文的内容非常丰富，主要有祭祀典礼、征伐战功、赏赐谢恩、训诰群臣、颂扬先祖、文书盟约等几类。

在文字形体特征和书写风格方面，西周金文大致可分为发展期（康王以前）、成熟期（昭王至夷王）、式微期（厉王至幽王）三个阶段，其特征如下：

发展期：沿袭商代晚期作风，字形或大或小，间用肥笔。

成熟期：笔画起止锋芒收敛，肥笔逐渐减少，线条粗细趋于一致，布局日益整齐。

式微期：线条化、平直化，肥笔消失，字形修长，字的大小一致，结体精巧匀称，布局少有错落，秩序井然。

西周金文发展期的代表作令簋铭文

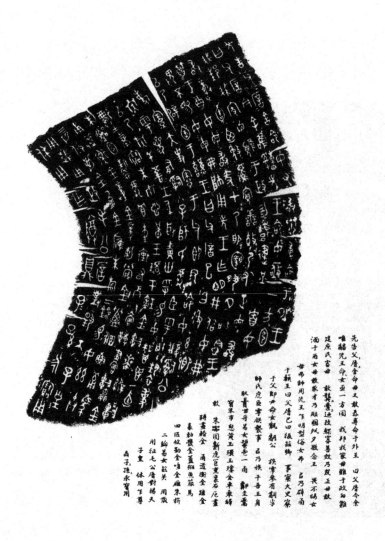

唯稿先王命女亟一方
建庶氏畲母
氏不昜女
于父即尹命女乃
夙夕勇專乃服
于顯王曰父曆巳曰
事實參有嗣

敢寶用亯虎臣
賨毋弗乇孟玉
二輪毋弗
取麻四馬
朱不繫命虎
用征毛公曆對揚天
子屋保永寶用

西周金文成熟期的代表作毛公鼎銘文

124

西周金文式微期的代表作大克鼎铭文

大克鼎局部

春秋时代的金文在形体结构上变化并不是很大，书写风格上则延续西周晚期的路子，进一步朝着工整秀丽的方向发展。诸侯割据的政治局势导致文化发展的地域性开始凸显，春秋各诸侯国文字的地域特色主要表现在书写风格上，几个主要诸侯国的金文风格特征概括如下：

东南方（以楚国为主）：早期雄奇，中期流美，晚期圆浑，其中以中期的流美最具代表性，这种风格流行的时间最长，结体工整修长，线条弯曲灵动。文字的象形程度被诘屈的线条进一步削弱。

东北方（以齐国为主）：与同时期东南方国家的金文相比，竖画要显得直一些，因而具有劲峭挺拔、遒美刚劲的风格特征。

西方（以秦国为主）：基本保持西周晚期的风貌，结体开张宽博，气息浑厚苍雄。

中土晋国以及宗周毗邻：首鼠于各大国之间，善于吸收，但缺乏创造，基本没有自己的独特面貌。

楚国金文代表作
王子申盏铭文

齐国金文代表作
陈侯午敦铭文

秦国金文代表作
秦公簋盖铭文

中土晋国金文代表作
栾书缶铭文

除了金文以外，西周春秋的文字资料还有甲骨文和书写在玉石片上的"盟书"。20世纪50年代以后在陕西岐山、扶风一带的周原遗址出土了数量可观的有字甲骨，史称"周原甲骨"，内容也以卜辞为主。"盟书"顾名思义就是盟誓之辞，知名的有《侯马盟书》和《温县盟书》。

　　战国时代，随着社会各方面的飞速发展，文字的应用越来越广泛，文字的形体也发生了前所未有的剧烈变化，俗体字在这一时期得到了迅速的发展。有的俗体字与正体字并存，而有的就已经把正体字排挤掉了。战国时期东方六国的文字遗存主要有金文、玺印文字、货币文字、陶文和简帛文字几类。

　　将六国文字形体结构上的特点归纳如下：

　　第一，笔画进一步平直化，象形程度进一步降低。

　　第二，字体简化现象突出，如"侯""晋"等字。

第三，各国文字异形，如"马""市"等字。

	秦	楚	齐	燕	晋
马					
市					

秦系文字指的是春秋战国时期秦国以及秦代的文字，跟上面讲到的春秋金文略有重叠，主要文字资料有石刻文字、金文、玺印文字（包括封泥）、陶文、简帛文字和漆器文字等。

　　早期的秦系文字承宗周余绪，与西周晚期规整一路金文作风相仿，在整个春秋战国时代里，秦国文字字形演变的大趋势是匀称工稳。为了书写的方便，原本弯曲的笔画平直化；出于工整的考虑，原本平直的笔画又变得弯曲了。这样的变形使得文字的象形程度再次下降。这个趋势的结果就是小篆的出现和规范化。

　　秦国在统一全国之前，就在已经占领的区域内实行"书同文字"的政策了，文字改革与秦国的铁蹄同步，征服了华夏民族。

　　当然，秦系文字跟其他文字系统一样，也有正体与俗体之别。战国时代秦国文字的正体经过进一步的整理，走上规范化的道路，演变为后来的小篆；同时，战国时代秦国文字的俗体则走上了另一条道路，自然演变成后来的隶书。

　　隶书在秦代就已经动摇了小篆的统治地位，我们今天看到的秦代日常书写遗迹一般都是隶书，小篆的应用范围仅仅局限于少数庄重的场合。到了西汉，隶书正式取代小篆成为通行的正体。古文字阶段在此画上一个圆满的句号。秦代乃至更早的隶书与汉代经过政府整理、规范的隶书在形态上存在一定的差异，人民为了明确前者与后者的区别而标榜后者的正统性、合法性，把前者称为古隶。广义的隶书包括古隶，而狭义的隶书一般仅指汉隶。

　　小篆　　　　　　古隶　　　　　　　　成熟的汉隶

　　在汉字形体演变的历程中，由秦篆到汉隶，是最重要的一次变革，史称"隶变"。隶变使汉字的整体面貌发生了翻天覆地的变化，极大地影响了汉字的结构。从隶书成为官方颁布的通用字体以后，汉字形体的发展史就进入了今文字阶段。

　　隶书对篆书字形的改造，主要体现在以下几个方面：

第一，变弯曲为平直，象形元素基本消失。如"女"。

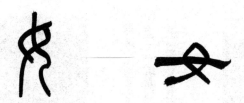

第二，省并笔画，把两个或两个以上部件合并为一。如"要"的上部。

第三，省略笔画，省去篆书字形的一部分。如"香"。

第四，变形。例如"火"旁变为"灬""小""小""屮"等形态，"亯""靣""章"都变为"享"旁。

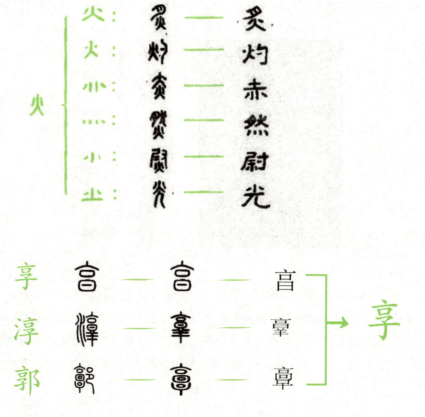

隶变其实也可以看作一种简化，形体的简化使书写速度得到极大的提高，有利于文化的传播与发展。

　　隶书也有正体和俗体之分，正体在西汉中后期发展成熟，形成了以"蚕头燕尾"为典型特征的"八分"书，俗体则在元帝、成帝之际脱胎为草书。

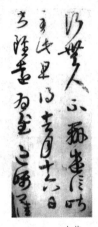

章草　　　　　　　　今草

　　八分体的书写规范过于复杂，人们书写起来感觉到非常不方便，于是在日常书写中采取一些"偷懒"的办法，从这种书写规范中解放出来。东汉中叶以后，从人们的日常书写体中衍生出一种既不同于早期隶书也有别于规整的八分体的俗体，方整的八分体就仅仅被应用于勒石刻碑之类的庄严场合了。

这种俗体字在普通民众的日常使用中越写越快，偶有连笔，具有楷书的某些特征，这种不成熟的字体被称为"新隶体"。可是当时使用这种字体的普通民众怎么也不会想到，一种新的字体正在他们草率粗糙的书写行为中孕育着，直到一个叫刘德昇的人把这种新体接生出来——行书就这样诞生了。

汉末三国时代，人们在一些用于郑重场合的文书中，把早期行书写得端庄一些，就形成了最初的楷书。它经过艰难的选择与认同过程，终于在南北朝后期成为主要的字体，在唐代被发扬光大。

在任何一个历史时期里，文字就字形而言有正体与俗体之分，而就书写方法来说则有正体与草体之别。相对于俗体而言的正体指的是符合国家颁布的规范字形的字，而相对于草体的正体指的是写法工稳整饬的字。草体跟草书并不是一回事，前者指某一特定历史时期里相对于正体的写法较为草率的字，后者是前者在西汉中后期以后呈现出来的一种特定形态。这两组概念里的"正体"的意义范围有一定的交叉，而草体又往往是俗体（俗体不一定是草体），我们在思考具体的问题时，要注意分辨它们之间的联系和区别。

草体字的本质是正体字的快写，以书写简捷、形体草率为基本特点。例如，秦代的正体是小篆，相应的草体是篆隶杂错的古隶；汉代的正体是隶书，相应的草体便是在隶书的基础上简省笔画甚至牵连笔画而成的草书。因此，草体总是依托相应的正体而存在和发展的，它的演进过程又受到相应的正体的演进状况的制约。汉代草书作为隶书的草体，自形成以来，它的演进过程与隶书的演进大体上呈双线并行状态。隶书从古隶到八分逐步走向成熟的过程伴随着汉代草书的成熟与规范化，在东汉，经过杜度、崔瑗、张芝等书法家的整理，汉代草书产生了一种规范化的写法，这种汉代规范草书被称为章草。"章"是条理、章程、法度的意思，章草就是有规可循、有法可依的标准草书；而当楷隶杂厕的俗体隶书——"新隶体"在三国时代出现并不断楷化时，当时的草书也出现了若干具有今草特征的因素，逐步向今草演变；到隶书完全演变成楷书之后，章草也就被今草替代了。

新隶体

　　楷书形成以后，汉字的字体演进的历程就此结束，而字形仍在继续简化。在新时期里，汉字演变的特征可以概括为以下几个方面：

第一，形声字增加。

第二，假借字减少。

第三，通过多音字分化的方式减少多音字的职能。

第四，通过改变读音或改变、增加汉字来回避同音字。

第五，形声字偏旁变化。

第六，繁体简体的互变。有些字在发展的过程中出现了繁体的写法，但后来又恢复了原本的简体写法。反之，有些字在发展的过程中被简化了，但这些简体后来又被废除了。

汉字在漫长的历史进程中，带着远古时代的神秘气息，一路走来，见证过诸侯争霸的烽火硝烟，记录过秦皇汉武的统一伟业，也目睹过魏晋南北朝的兵荒马乱。正因为它身上凝聚着丰厚的历史记忆，才会如此耐人寻味，像一盅老火炖制的汤，时间愈长，香气愈浓。汉字的味道，是沧桑，是悠远，是深沉。相信细心的读者们已经注意到，一个时代的正体字往往是从前一个时代的俗体字中萌芽的，普通民众的日常书写是字体演变的先驱。

书写规范、美观的汉字

    汉字在历朝历代书法家手下幻化出的千姿百态，这些都是天才的创造，一般人难以望其项背，但是，这并不是说我们一般人就不用写好汉字了。虽然不可能要求人人都成为书法家，但把汉字写得规范、美观是对我们炎黄子孙的一个最起码的要求，汉字的味道如此丰富，你又怎么忍心用自己手中的笔去糟蹋它呢？

    汉字是记录语言的符号，是人类最重要的交际工具，为了最大限度地体现它的交际功能，保持人与人之间的正常交往，我们就要把汉字写得人人都能看懂——规范。在此基础上，我们才能提出更高的目标，那就是让人看起来赏心悦目——美观。这两个要求都是就汉字的日常使用而提出的。

    大家也许要问，现在电脑普及程度这么高，办公无纸化势在必行，为什么还要用手写汉字啊？在可以预见的将来，手写汉字确实非常有

牟   牢

栗

羞

可能从实用领域全身而退，但不容否认的是，目前在很多场合上仍然需要使用手写汉字，因为手写的可靠性不是电脑打印的文书可以比拟的。

先讲规范的问题。在中国内地，规范汉字指的是经过整理简化并由国家以字表形式正式公布的简化字和未被整理简化的传承字。不规范的汉字主要有这么几类：繁体字、异体字、1977年公布的《第二次汉字简化方案（草案）》中的简化字、错别字和生造字。在中国内地，使用汉字只要以《新华字典》《现代汉语词典》和《现代汉语规范词典》为准就可以了。

美观这个问题有点复杂，要说明的是，日常书写的汉字跟书法艺术是两回事，因而它们的审美标准是完全不一样的，我们既不能用日常书写的"美观"标准套用到对书法作品的评价上，也不能用评价书法作品的标准来要求日常书写，我们这里要谈的是日常书写的"美观"问题。

美观的字,都具有共同的特征:单字匀称平稳、行列整齐。问题在于,我们怎样才能使自己书写的汉字具备以上这些特征呢?为了达到这样的效果,人们尝试过各种各样的办法,比如有些人就试图把直尺放在所写的字行的下面,这样笔画便不会逸出行列以外,行列也就整齐起来了。且不论这种办法是否科学,尽管它能辅助我们解决整齐这个问题,但是这种方法不仅对单字的匀称平稳无所补益,而且限制了书写空间,反而不利于单字的匀称。

　　一个字匀称与否取决于笔画与笔画之间的空白分布情况,古人早就明白了这个道理,清代的书法家邓石如讲"计白当黑"就是说,摆布字的结构相当于摆布笔画与笔画之间的留白。那么,一个字内部的各块留白之间呈现怎样的关系才能使字显得匀称呢?古人在广泛而深入的书写实践中总结出了一些规律,我们可以参照这些规律来调整自己的书写习惯。

鱼

鼎

一个字平稳与否取决于它的中轴线是否垂直，而中轴线的垂直或倾侧又受字两边轻重比例的制约。如果字的两边轻重对等，且横向笔画呈水平状态，字的中轴线就自然垂直了，字也就平稳了。但是，我们注意到，在日常

日

使用的楷书、行书中，右边的捺总是比左边的撇显得重一些，因为撇的收尾是尖的，力度较小，捺的收尾是重按拖出的，重按的力度较大，这样一来，汉字不就天生不平稳了吗？当然不是，大家有没有注意到，我们常用的楷书、行书的横画都微微向右上倾斜？我们可以把横画想象成跷跷板，它左边低说明重，右边高说明轻。它的轻重正好跟撇捺相反，横画左端重，在左的撇画轻。而横画右边轻，在右的捺画重，两两抵消，字就又变得平稳了。

二、上紧下松和左紧右松。我们知道，一个腿部修长的人会给人高峻笔挺、精神勃发的感觉；反之，上身长下身短则会让人觉得整个人耷拉下来，毫无生气。字也一样，只有下半部在全字所占的长度比例略高于上半部时，才能获得美观大方的书写效果。上下方向的松紧度靠一个字内部笔画的位置关系来调配。字上部笔画之间的留白要少，字下部笔画之间的留白要稍多。左紧右松的结构体势是撇短捺长的笔画形态的自然衍生结果，只要我们对调整撇捺的长度比例有充分的把握，就能轻而易举地调配字左右部的松紧度了。

三、字的整体外形。笔画的长度、方向和位置取决于书写这一个

笔画时笔在纸面上的起止点。一个字由若干个笔画组成，把一个字最外围的笔画起止点连起来，就会出现一个多边形。格式塔心理学告诉我们，当我们发现一种可构成经验中的完整图形的可能性时，我们将会在认知中自动构建出经验中的完整图形。所以说，由笔画端点连成的外围多边形虽然并不存在于物理世界，但却存在于我们的认知世界，这就是我们感觉一个字有它的外形的原因。说到这里，相信大家都已经非常明确，字的外形取决于笔画的长度、方向和位置。举一个简单的例子，比如我们写一个"三"字，一个横写长一点或写短一点，写平一点或写斜一点，它还是"三"字，但它的外形已经发生了巨大的变化。

听起来是不是很简单呢？但是，做起来并不是那么容易的一件事，我们不可能每写一笔就去测量一下该留多大的余白，只能通过感觉来确定每一笔的位置，准确的感觉来源于长期的有效训练，所以，如果想把汉字写得美观，就要下一番苦功了。作为中华儿女，把汉字写得规范、美观是不容推卸的责任和义务。

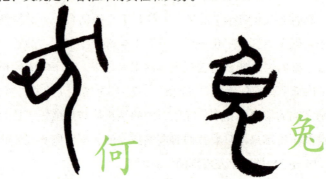